ライバルに差をつける

情報Ⅰ

鉄板の100題

藤原進之介

代々木ゼミナール「情報科」講師
情報Ⅰ・情報Ⅱ専門塾「情報ラボ」代表

KADOKAWA

はじめに

　こんにちは！　🔥日本初🔥の大手予備校の情報科講師になり、東進ハイスクールや代々木ゼミナールで情報Ⅰの授業をしてきた、藤原進之介です！

　現代の大学入試は、多くの国公立大学で、「情報Ⅰ」の受験が必須となりました。今や全国の高校生が「情報Ⅰ」を学んでいます。

　一方で、学校の教育現場では、多くの混乱や苦労が発生しています。これは学校の先生が悪いのではなく、情報Ⅰという科目が「あまりにも幅広い内容を扱い」かつ「難しい内容を含む」からなのです。たとえば、次のような難しい内容がいくつも含まれます。

① 第1章「情報社会」の知的財産権の細かい分類

② 第2章「情報デザイン」のデジタル化のデータ量の計算

③ 第3章「コンピュータ」の浮動小数点数の計算やプログラミング

④ 第4章「ネットワーク」の情報システムの故障について

　上記の内容はほんの一例に過ぎないくらい、それぞれの章に難しい内容が含まれます。

　さらに、覚えるべき知識の量も膨大です。なのに、共通テストでは「思考力を問う問題」まで出題されます。あなたはどうやって対策しますか？　何から手をつけてよいか分からなくて不安な人が、全国にたくさんいるはずです。

　そんな人のために、この本を書きました。

　情報Ⅰは、高1または高2で授業を実施したら、高3では授業を実施しない学校が多いという科目です。そんな状況なので、生徒たちはもちろん、学校や塾の先生方も苦労されているという話を何度も聞いてきました。

　この本では、情報Ⅰの学習に不安を感じている人や、初めて情報Ⅰの問題集にチャレンジする人でも無理なくステップアップできるように、幅広い内容を扱っています。また、次ページの「本書の使い方」でも説明しますが、「大学入試で問われるテーマ」が網羅的に記されています。

　最後に、情報Ⅰ専門塾「情報ラボ」のプロの先生方や、KADOKAWAの編集者である小嶋康義さんの力も拝借して、最高の問題集に仕上がったことを、この場を借りて感謝を申し上げます。

　あなたにとって最高の問題集であること間違いなしです！！

代々木ゼミナール講師　河野塾ISM講師　数強塾代表

藤原進之介

本書の使い方

　この本は、情報Ⅰの100個のテーマを扱っている問題集です。大学受験の情報Ⅰの問題は、この本で扱ういずれかのテーマを含みます。このページでは、この本を大学受験の本番まで使う方法を紹介します。

Step 1
実力試し

　まず、解いてみましょう。解答・解説を読まずに解いてみると、意外と、知っているはずのテーマでも答えられない知識があるはずです。重要度を1から3の3段階に分けているので、「大学受験まで時間がない！」という方は、重要度順（3→2→1）に解くとよいでしょう。

Step 2
知識補充

　解答・解説を読みながら、抜け漏れのある知識を補充していきましょう。情報Ⅰは要求される知識量がとても多い科目です。問題タイトルの横に次のような印をつけるとよいでしょう。

　周辺知識までカンペキ…〇　　できたけどまだ不安…△　　不正解の問題がある…✕

　「問題が解けたから〇！」ではなく「周辺知識まで整理できたか？」を意識して進めると、より完璧な学力に近づきます。「できたから〇」ではなくて、「できただけでは△」として周辺知識まで学ぶ姿勢を貫けば、どんな出題にも対応できる学力が養われます。

Step 3
軸として活用

　すべての問題が〇または△になり、ひととおり解けるようになったら、共通テストの試作問題や模擬試験を解いてみて、「この試作問題の大問2は『情報Ⅰ 鉄板の100題』の中ではどのテーマに当てはまるかな？」と探してみてください。きっと、近いテーマがあるはずです。そのテーマのページに、試作問題や模擬試験の問題で「どのように出題されたか」をメモして、復習するときに高速で思い出せるように意識づけするのです。次に、「隣のテーマの場合だと、どんなことまで問われるかな？」と確認してみましょう。そうすることで、この問題集の100個のテーマが、大学受験の本番で「どのように問われるか」まで示してくれる参考書に変わっていきます。

　この問題集は幅広い単元を扱っているため、1テーマあたりの問題はそこまで難しくありません。ところが、複数のテーマを組み合わせたり深掘りしたりすると、共通テストや難しい大学入試問題そのものになるのです。「実際の入試問題ではどう問われるか？」を意識しながら進めることが、高得点への近道です。がんばりましょう！！

目次

はじめに ……………………………………… 2

本書の使い方 ……………………………… 3

第1章
情報社会の問題解決

鉄板001　データと情報 ……………………………… 重要度3　10

鉄板002　Society 5.0 ………………………………… 重要度2　12

鉄板003　メディアの分類 ……………………………… 重要度3　13

鉄板004　メディアリテラシー ………………………… 重要度2　14

鉄板005　情報の検索 …………………………………… 重要度1　15

鉄板006　発想法 ………………………………………… 重要度2　16

鉄板007　知的財産権Ⅰ ………………………………… 重要度3　18

鉄板008　知的財産権Ⅱ ………………………………… 重要度3　20

鉄板009　個人情報 ……………………………………… 重要度3　22

鉄板010　サイバー犯罪 ………………………………… 重要度2　23

鉄板011　情報セキュリティ …………………………… 重要度3　24

鉄板012　情報の利用 …………………………………… 重要度2　25

鉄板013　情報の安全性 ………………………………… 重要度2　26

鉄板014　情報に対する攻撃 …………………………… 重要度2　27

鉄板015　取引形式の進化 ……………………………… 重要度2　28

鉄板016　現代の新しい情報技術 ……………………… 重要度2　29

鉄板017　マルウェア …………………………………… 重要度3　30

鉄板018　情報社会の長所と短所 ……………………… 重要度2　31

鉄板019　情報伝達の進化Ⅰ …………………………… 重要度3　32

鉄板020　情報伝達の進化Ⅱ …………………………… 重要度3　33

コラム　AIとニューラルネットワーク ………………………………………… 34

コラム　Society 5.0 〜ビッグデータの活用〜 ………………………………… 36

第2章
情報デザイン

鉄板021	コンピュータでの処理の仕組み・2進法	重要度3	38
鉄板022	アナログデータとデジタルデータ	重要度3	39
鉄板023	デジタル情報の単位	重要度3	40
鉄板024	ビット数による表現　フルカラー	重要度3	41
鉄板025	2進数と16進数	重要度3	42
鉄板026	文字コードと暗号化	重要度3	44
鉄板027	文字コードの種類	重要度2	45
鉄板028	音のデジタル化	重要度3	46
鉄板029	情報の圧縮	重要度2	48
鉄板030	情報の権利とデジタル音源	重要度2	49
鉄板031	ランレングス法	重要度3	50
鉄板032	ハフマン法Ⅰ	重要度2	52
鉄板033	ハフマン法Ⅱ	重要度2	54
鉄板034	意味の伝達とデザインの敗北	重要度2	56
鉄板035	識別情報の表現方法	重要度2	57
鉄板036	メディアの歴史	重要度2	58
鉄板037	SNSとインターネット接続	重要度2	60
鉄板038	デジタル社会で広まったコンテンツ	重要度2	61
鉄板039	インターネットの起源とインターネットの責任	重要度2	62
鉄板040	情報の信頼性	重要度3	63
鉄板041	情報の整理	重要度2	64
鉄板042	情報の規格と情報の提示	重要度2	65
鉄板043	情報社会における新たな概念	重要度1	66
鉄板044	ユニバーサルデザイン	重要度3	67
鉄板045	デザインプロセス	重要度2	68
鉄板046	情報科学の色の表現と文字の表現	重要度2	69
鉄板047	色彩表現	重要度2	70
鉄板048	システム設計のエラー処理	重要度2	71
コラム	アラブの春とSNS		72

第3章
コンピュータと
プログラミング

鉄板049	ハードウェアとソフトウェア	重要度 3	74
鉄板050	数値表現方式	重要度 3	75
鉄板051	浮動小数点表現	重要度 2	76
鉄板052	コンピュータの演算装置	重要度 2	78
鉄板053	情報システムの装置	重要度 2	80
鉄板054	プラットフォーム	重要度 1	81
鉄板055	論理回路	重要度 3	82
鉄板056	身近な事象と論理回路	重要度 2	84
鉄板057	真理値表	重要度 3	86
鉄板058	アルゴリズム	重要度 3	88
鉄板059	ハッシュ関数	重要度 2	90
鉄板060	制御構造	重要度 3	91
鉄板061	プログラミング①	重要度 3	92
鉄板062	プログラミング②	重要度 3	93
鉄板063	数理モデル	重要度 2	94
鉄板064	モデル化	重要度 2	95
鉄板065	プログラミング　〜変数〜	重要度 3	96
鉄板066	プログラミング　〜3桁の偶数の個数〜	重要度 3	98
鉄板067	プログラミング　〜点数によるランク付け〜	重要度 3	100
鉄板068	プログラミング　〜素因数分解〜	重要度 3	102
鉄板069	プログラミング　〜互いに素かを判定する〜	重要度 3	104
鉄板070	プログラミング　〜二分探索の検索回数〜	重要度 3	106
鉄板071	プログラミング　〜トランプ勝負〜	重要度 2	108
鉄板072	プログラミング　〜平均値ゲーム〜	重要度 2	110
鉄板073	プログラミング　〜レジの待ち時間のシミュレーション〜	重要度 3	112
鉄板074	プログラミング　〜渋滞距離のシミュレーション〜	重要度 3	114
鉄板075	量子コンピュータ	重要度 1	116
コラム	WebAPIの活用		117
コラム	レジスタの仕組み		118

第4章
情報通信ネットワークと
データの活用

鉄板076	コンピュータネットワーク	重要度3	120
鉄板077	ネットワークデバイス	重要度3	121
鉄板078	ネットワークに接続する仕組み	重要度3	122
鉄板079	データの送信とセキュリティ	重要度2	123
鉄板080	セキュリティ技術とコンテンツ	重要度3	124
鉄板081	インターネットで使用されるプロトコル	重要度3	125
鉄板082	アドレスと認証	重要度2	126
鉄板083	データの送受信の仕組み	重要度3	127
鉄板084	クライアントサーバシステム	重要度3	128
鉄板085	情報通信の技術	重要度2	130
鉄板086	URLの仕組み	重要度2	131
鉄板087	名前解決とメールの仕組み	重要度3	132
鉄板088	通信の仕組みとセキュリティ	重要度3	134
鉄板089	データのセキュリティ	重要度3	135
鉄板090	デジタル技術の進歩Ⅰ	重要度3	136
鉄板091	デジタル技術の進歩Ⅱ	重要度2	138
鉄板092	情報システムの故障の防止	重要度1	139
鉄板093	データの管理	重要度2	140
鉄板094	無線LANとウェブ通信の安全性	重要度2	141
鉄板095	現代のシステム技術	重要度2	142
鉄板096	データモデル	重要度3	143
鉄板097	データの収集	重要度1	144
鉄板098	データ分析	重要度2	145
鉄板099	グラフ	重要度2	146
鉄板100	情報の表現	重要度3	147
コラム	DNSサーバの負荷分散とユーザビリティ		148
コラム	VPNとVLAN		149
コラム	クラウドコンピューティング（クラウド）		150
コラム	RAID ～データの信頼性の向上～		151

| 共通テスト用プログラム表記の解説 | 152 |
| 意味付きさくいん | 162 |

ブックデザイン：村上 総（Kamigraph Design）
イラスト：Ikuko Sakamoto
組版・編集協力：ユニバーサル・パブリッシング株式会社

第1章

情報社会の問題解決

データと情報

問1 空欄 [ア] から [ウ] に当てはまる言葉をそれぞれ答えなさい。

データとは、観測や測定などによって得られた事実や数値であり、それ自体は意味をもちません。データを整理し解釈を加えたのが、Ⓐ情報です。

さらに、情報が人々の経験や理解を通じて昇華したものを [ア] といいます。[ア] は情報に基づいた具体的な行動指針や判断基準を提供します。

そして、[ア] は経験や洞察を統合して、より洗練された [イ] に進化します。[イ] は、個々の情報や [ア] を超えて、普遍的な理解や洞察を提供するものです。

このような、データ・情報・[ア]・[イ] の4つの概念を階層的に表現したモデルを [ウ] といいます。

問2 問1の下線部Ⓐについて、情報の6つの性質を表す以下の表を埋めなさい。

性質	説明
[Ⅰ]	完全に消去することが難しく、永続的に保持される。
[Ⅱ]	空間を越えて迅速に伝えることが可能である。
[Ⅲ]	短時間で大量のコピーを作成できる。
形がない	実体をもたない。
[Ⅳ]	価値や解釈が人によって変化する。
[Ⅴ]	恣意的な意図が介在する。

解答

問1 ア 知識　イ 知恵　ウ DIKW ピラミッド
問2 Ⅰ残存性　Ⅱ伝播性　Ⅲ複製性　Ⅳ個別性　Ⅴ目的性

☑ **解説**

問1 データ・情報・知識・知恵の4つの概念を階層的に表現したモデルを「DIKW ピラミッド」と呼びます。データを有益な知識や知恵に昇華するプロセスを示します。

問2 情報は「残存性」（消えない）・「伝播性」（短時間で広範囲に広がる）・「複製性」（簡単に複製できる）・「形がない」などの性質をもちます。

それぞれの性質には良い面と悪い面があります。たとえば「残存性」には、情報を人に伝えても自分の知識から消滅することはないという良い面がありますが、一方で、インターネットに載せた情報を消去することが難しいという悪い面もあります。その他にも、「個別性」（受信者により価値や評価が異なる）や「目的性」（発信

DIKW ピラミッド

知恵
(Wisdom)

知識
(Knowledge)

情報
(Information)

データ
(Data)

者や受信者の意図が介在する）などの性質もあります。

たとえば、「ガソリンの値段が上がる」という情報があったとしましょう。車に乗る人にとっては一大事ですが、車をもっていない人にとってはどうでもよい情報です。これが「個別性」です。また、「この商品はお得で、今が買いどきです」という情報があったとしても、そこには売り手の「買ってもらいたい」という思いが介在している可能性があります。これが「目的性」です。

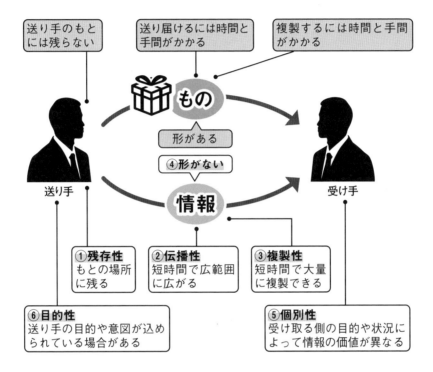

なお、多様な形式で日々生み出され続けている大量のデータを「ビッグデータ」と呼び、次のような活用例があります。

1. Google 検索：検索エンジンが集めるデータ。
2. 会計システム：商品の販売履歴や数量データ。
3. SNS 投稿：ユーザのテキストや画像の投稿データ。
4. キャッシュレス決済：購入履歴のデータ。

これらのデータはそれぞれ個別には大きな価値をもたないかもしれませんが、蓄積し分析することで、新しい商品やサービスを生み出す機会となり、社会全体にとって大きな価値を生むことができます。

情報の性質は4つではなく6つ覚えよう！

002

重要度 2

Society 5.0

問1 空欄 [ア] から [エ] に当てはまる言葉をそれぞれ答えなさい。

　人類の歴史においては、一貫して情報の収集、処理、伝達方法が社会の進化に深く関係してきました。マンモスを狩って生活していたような大昔の人類社会は [ア] と呼ばれます。その後、作物の種類、収穫の最適な時期など、農業に関する情報を管理する [イ] へ移行し、より複雑な情報の管理と共有が求められました。これは、その知識を共有することが生存に直結したためです。18世紀後半からの産業革命により始まった [ウ] では、工業に関する情報の管理と流通がさらに重要になりました。化学物質の製造過程や安全性の評価など、高度で複雑な情報が必要になりました。そして現在、私たちは [エ] に生きており、コンピュータの小型化、高性能化といった情報技術の進歩が社会のあらゆる面で重要な役割を果たしています。

　今後、この [エ] はさらに進化し、Ⓐ Society 5.0 へと移行することが期待されます。

問2 問1の下線部Ⓐについて、正しく説明しているものは次のうちどれか。
　⓪ 業務プロセスを自動化し、人間の介入を完全に排除する社会。
　① 個々の人のニーズに応じて最適化されたサービスを提供する社会。
　② 情報社会からの完全な脱却を目指し、人々が自然と共生する社会。
　③ すべての情報管理と共有を個々人が行う社会。

解答 **問1** ア 狩猟社会　イ 農耕社会　ウ 工業社会　エ 情報社会　**問2** ①

☑ 解説

問1 下図のように、社会の発展の背景には、技術革命や産業革命があります。

狩猟社会	農耕社会	工業社会	情報社会	新しい情報社会 Society 5.0
動植物を狩猟採取して生活する時代。石斧や弓矢、言語などの狩猟技術が社会を支えた。	肥沃な土地に定住し、穀物を栽培して生活する時代。文字の発明、農機具、天文学などが社会を支えた。	大きな工場で産業機械を動かして、大量生産・大量輸送・大量消費する時代。自然科学や印刷技術が社会を支えた。	メディアが発達し、情報がお金と同等の価値をもつ時代。スマートフォンが普及し、個人の生活様式が変化した。	仮想空間とフィジカル空間を高度に融合させたシステムにより、経済発展と社会的課題の解決を両立する時代。

第1次産業革命　第2次産業革命　第3次産業革命　第4次産業革命

問2 現代の情報社会（Society 4.0）の課題に対して、IoT や AI などの最新テクノロジーを活用した便利な社会が「Society 5.0」です。少子高齢化や地方の過疎化などで人的負担が大きい現代において負担を軽減するため、日本政府は IoT や AI、クラウド、ドローン、自動走行車、無人ロボットなどを活用することで、社会課題を解決し「持続可能な社会」を実現しようとする取り組みを行っています。

メディアの分類

問1 空欄 [ア] から [エ] に当てはまる言葉をそれぞれ答えなさい。

　情報の伝達や共有を行うための手段や媒体をメディアとよび、その役割は多岐にわたります。人々が理解しやすい形にするために、情報を視覚的、聴覚的、触覚的に [ア] するメディアや、情報を一方から他方へと [イ] する手段であるメディア、また情報を永続的に保存する [ウ] のためのメディアが存在します。

　人類の歴史の中で、情報の伝達手段は絶えず進化してきました。特定の発信者が不特定多数の受信者へ情報を伝えるメディア、特にテレビや新聞のような [エ] は、一方向の情報伝達方法として広く用いられています。これらは大きな影響力を持つ一方で、情報の権力が1箇所に集中する危険性をはらんでおり、しばしば🅐中央集権的と形容されます。

問2 問1の下線部🅐の表現と対照的なメディアの特性について述べた以下の文章について、

　　　[オ]、[カ] に当てはまる言葉をそれぞれ答えなさい。

　21世紀に入るとインターネットが爆発的に普及し、「スマートフォン」が生活の一部となりました。これらを利用することで人々はいつでもどこでも情報を取得し、発信することができ、「ストリーミング再生」や「ライブ配信」を通じて、一人ひとりが情報発信者となる時代が到来しました。かつて電波塔を所有している企業が一方的に発信した姿とは異なり、SNSを通じて双方向の情報の共有が可能になった現代では、[オ]（ユーザが生成するコンテンツ）や [カ]（消費者が生成するメディア）が生まれました。VOCALOIDの初音ミクはその一例です。情報伝達技術は進化を続けています。

解答
問1 ア 表現　イ 伝達　ウ 記録　エ マスメディア
問2 オ UGC（UCC でも可）　カ CGM

☑ **解説**

問1 情報を伝達する際に情報の発信者と受信者の仲介となるものを「メディア」といいます。大きく分類すると、情報を表現する「表現メディア」、情報の記録や蓄積をする「記録メディア」、情報を伝達する「伝達メディア」の3つがあります。様々な種類のメディアがあるため、その目的に応じて最適なメディアを選択し、適切に使用する必要があります。また、USBメモリやWi-Fiのネットワーク装置のような実際に触ることができるメディアを「物理メディア」といいます。「マスメディア」は一方的な情報の発信ですが、電話やインターネットは双方向での情報伝達が可能です。

問2 口コミやレビュー、SNSの投稿などの「UGC（UCC）」によって作成されるメディアが「CGM」です。UGCはUser Generated Content、UCCはUser Created Content、CGMはConsumer Generated Mediaの略です。消費者目線で作られているため、営利企業が作成したものとは一線を画していますが、企業が戦略としてこれらを活用することが多くあります。

メディアリテラシー

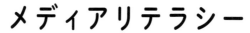

問1 空欄 [ア] から [エ] に当てはまる言葉をそれぞれ答えなさい。

　テレビ、ラジオ、新聞、インターネットなどのメディアから提供される情報を適切に理解、分析、評価し、効果的に利用するための能力や知識のことを指す [ア] には、情報の真偽を判断するための技術が含まれています。

　情報はその発信源によって一次情報、二次情報、[イ] と分類されます。一次情報は元の情報源から直接得られる情報で、二次情報はその一次情報を加工したものです。

　[イ] は二次情報をさらに加工・解析した情報です。これらの情報の違いを理解し、適切に利用することもメディアリテラシーの一部となります。たとえば、一次情報に出会った時、その情報が本当に信頼できるものなのかを確認するためには、他の情報源から同じ事実を確認する [ウ] や、同じ方法で2回確認する [エ] が重要です。

　すべての人々が等しく情報にアクセスし、それを理解し、活用する能力を持つことが、情報社会を公正で公平なものにします。このような観点から、Ⓐ デジタルデバイドの克服が求められています。

問2 問1の下線部Ⓐについて、正しく説明しているものは次のうちどれか。
　⓪ 情報技術の進化が進むほど、問題を引き起こさないという概念である。
　① すべての人々が等しく情報にアクセスできる状況を指す。
　② 情報技術を活用する能力における格差を指す概念である。
　③ 情報技術の発展がすべての人々の生活を向上させるという理念を指す。
　④ 情報技術が使える人と使えない人との間の物理的な隔たりを指す。

解答
問1 ア メディアリテラシー　イ 三次情報　ウ クロスチェック　エ ダブルチェック
問2 ②

☑ **解説**

問1　「一次情報」、「二次情報」、「三次情報」では数字の増加に伴い**入手しやすくなります**。インターネットでは三次情報も多く公開されているのでその**情報源を確かめること**が大切です。「クロスチェック」と「ダブルチェック」はどちらもミスがないか複数回チェックする行為です。

問2　「デジタルデバイド」とは、情報技術を活用する能力における格差を指す概念であり、情報技術の利用に関する社会的な不平等を示します。情報社会が進む現代では、情報へのアクセスやその利用能力が社会的な活動や機会に大きく影響を及ぼすため、このデジタルデバイドの問題は重要な社会問題となっています。

情報の検索

問1 空欄 [ア] から [オ] に当てはまる言葉をそれぞれ答えなさい。

情報は21世紀の【 A 】とも呼ばれるほど重要な資源となっています。私たちは検索エンジンを用いて検索方法を工夫することで必要とする情報を見つけることができます。[ア] という検索方法は、複数のキーワードがすべて含まれるページを探すことができます。[イ] は、いずれかのキーワードが含まれるページを探すことができます。[ウ] は、特定のキーワードを含まないページを探すことができます。

また、大量のデータからパターンや規則性を見つけ出す [エ] という手法を用いることで、過去のデータを分析し未来のトレンドやパターンを予測することができます。

さらに、情報を主題ごとに整理し、ユーザが目的の情報を探しやすくする [オ] という方式を用いることもあります。たとえばウェブサイトを、ジャンルに応じてカテゴリに分類・収録した検索サイトなどがあります。クラウドストレージ技術の普及に伴い、[オ] もクラウドに適応し、リモートでのアクセスと共有が容易になっています。

問2 問1の下線部中の【 A 】に適する言葉を下の語群から選択しなさい。
語群：金の卵・原石・石油・金脈

解答 **問1** ア AND 検索　イ OR 検索　ウ NOT 検索　エ データマイニング
オ ディレクトリ方式　**問2** 石油

☑ **解説**

問1 「AND 検索」・「OR 検索」・「NOT 検索」をイメージしたものが、右図になります。この他にも「完全一致検索」という検索方法があります。検索語を「" "」で囲むことで、その検索語と完全に一致しているものしか検索結果に表示されなくなります。「ディレクトリ方式」を採用し

AND 検索
A AND B
AとBの両方が含まれるもの
検索結果の絞込み

OR 検索
A OR B
AまたはBのいずれかが含まれるもの
検索結果の絞込み

NOT 検索
A NOT B
Aを含みBは含まない
不要な検索結果を除外

た検索エンジンを「ディレクトリ型検索エンジン」とよび、2018年まで存在した Yahoo! カテゴリが代表的です。ディレクトリサービスは、ウェブサイトを詳細なジャンルに分けて、それらを階層構造で整理する方法です。現在は「ロボット型（またはクローラー型）検索エンジン」と分類される Google 検索エンジンが有名です。

問2 「21世紀の石油」とは、情報が現代社会における重要な資源であり、その価値と重要性が増していることを示す表現です。

発想法

問1 空欄 [ア] から [ウ] に当てはまる言葉をそれぞれ答えなさい。

　現状と理想の間のギャップを問題とよびます。問題解決に向けた発想法として、限られた時間内で多くのアイデアを出す**Ⓐ** ブレーンストーミングが代表的です。

　一方、自由な思考、アイデアや情報の流れを、中心となる概念から分岐させる形で描写した図である [ア] は情報を視覚的に整理する手法であり、一方でさまざまな意見を複数の小さなカードに記載し、グループに分類して**Ⓑ** 整理することで新しいアイデアを見つける発想を**Ⓒ** KJ法といいます。

　アイデアを出して整理するだけではなく、継続的な改善も効果的です。[イ] という方法では、Plan（計画）→ Do（実行）→ [ウ] → Act（改善）のサイクルを繰り返し行うことで、継続的な業務の改善を促します。下記に、例を挙げてみます。

	例
Plan（計画）	「数学の教科書を毎日1章ずつ読み、理解できなかった部分は追加で練習問題を解く」という計画を立てます。
Do（実行）	次に、その計画を実行します。毎日1章を読み、分からない部分があれば、その単元の問題について用意した練習問題を解きます。
[ウ]	それから、テストなどで学習した単元の理解度を測ります。
Act（改善）	[ウ] の結果をもとに、学習法を改善します。

問2 問1の下線部Ⓐについて、以下の選択肢の中でブレーンストーミングのセッション中に重視されるべき原則は何でしょうか？

　⓪ アイデアの量より質を重視する。

　① 上司に忖度し、現実的なアイデアのみを提案する。

　② 批判を恐れずに提案する。

　③ アイデアの所有権を主張する。

問3 問1の下線部Ⓑについて、整理の手法を正しく説明しているものを2つ選びなさい。

　⓪ ロジックツリーは一つの親ノードから複数の子ノードへ枝分かれしていく構造で、ヒエラルキー的な情報整理に役立つ。

　① ロジックツリーはすべての要素が互いに排他的で完全包括的な特性を持つ手法である。

　② MECE は必ず相互に重複する要素を含むフレームワークで、問題解決に有効な手法とされている。

　③ MECE は互いに排他的かつ完全に包括的な要素に分解し、問題を網羅的に理解するフレームワークである。

問4 問1の下線部Ⓒについて、KJ法の適切な流れを選び、以下のステップを正しい順番に並べ替えなさい。

　⓪ 似た意見をグループ化する。

① 付箋に意見やアイデアを書き出す。

② 各グループにテーマをつける。

③ 全体の流れや関連性を見つけるため、グループを配置し直す。

解答

問1 ア マインドマップ　イ PDCA サイクル　ウ Check（評価）

問2 ②　　**問3** ⓪、③　　**問4** ①→⓪→②→③

☑ **解説**

問1 「マインドマップ」は「KJ 法」と同様、視覚的に情報を整理する手法です。「PDCA サイクル」とは、4つのステップで業務管理を高める手法です。

問2 「批判厳禁」はブレーンストーミングの基本原則の一つであり、他の人のアイデアを批判しないことを指します。これにより、自由な思考が奨励され、多くのアイデアが生まれる環境が作られます。

問3 「ロジックツリー」（図1）は、一つの親ノード（大きな概念）を複数の子ノード（構成要素）へ分解し、さらにその構成要素を細かく分解していくことで作成できます。たとえば、親ノードを「利益を増やすには」とすれば、子ノードは「宣伝の強化」・「ターゲットを広げる」となり、さらに「宣伝の強化」を、「広告を出すメディアを増やす」・「広告を出す頻度を増やす」という要素に具体的に分けていきます。「MECE」は、Mutually（お互いに）、Exclusive（重複がなく）、Collectively（まとめて）、Exhaustive（漏れがなく）の略語です。

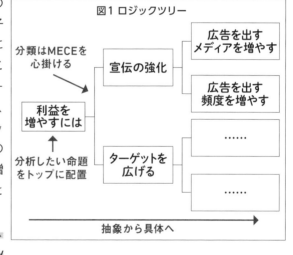

図1 ロジックツリー

分類はMECEを心掛ける

宣伝の強化 → 広告を出すメディアを増やす / 広告を出す頻度を増やす

利益を増やすには

分析したい命題をトップに配置

ターゲットを広げる → …… / ……

抽象から具体へ

問4 「KJ 法」は、参加者によってアイデアや意見が変わってしまうものの、気軽に実施することができ、少数者の意見を活用しやすくなる発想法です。

問題解決の思考法では、「発散思考」という「考えを膨らませる」段階なのか、「収束思考」という「考えをまとめる」段階なのか考えながら、最適な手法を採用するといいね！　ブレーンストーミングの後は、ロジックツリーやマトリックス図や座標軸で「収束思考」するんだね。

知的財産権I

問1 空欄 [ア] から [オ] に当てはまる言葉をそれぞれ答えなさい。

　知的財産とは、人間の創造的な活動や事業活動により生み出された財産であり、それを保護するために認められている権利として、大きく分けて [ア] と [イ] があります。[ア] は、文学、音楽、美術などの作品に対して、作者が持つ権利を指し、申請しなくても権利が発生する [ウ] です。一方、[イ] は、特許、実用新案、商標、意匠などの権利を含みます。これらの知的財産権は、それぞれの国の法律によって定められ、保護されています。たとえば、日本の [エ] により、著作者はその作品に対する独占的な権利を有します。日本において [ア] は著作者の死後 [オ] 年まで保護されます。

問2 次のうち、問1の [エ] の保護対象となるものをすべて選びなさい。

⓪ アルゴリズム
① アルゴリズムを記載した文章
② プログラム言語
③ プログラム

問3 問1の [イ] には以下の4つの分類があります。それぞれの分類に対する具体例を次の選択肢からすべて選びなさい。

① 特許権 (特許法)
② 実用新案権 (実用新案法)
③ 意匠権 (意匠法)
④ 商標権 (商標法)

選択肢

> ア. 高性能な電子機器の特有な機能に関する権利
> イ. 家庭用電化製品の新しい形状デザイン
> ウ. 車のヘッドライトの斬新なデザイン
> エ. 新しい発明品の製造方法に対する独占権
> オ. 家具の新しい模様や外観デザイン
> カ. 有名なスポーツブランドのロゴマーク
> キ. 携帯電話の画面保護システムの改良技術
> ク. 人気飲料の独自のパッケージデザイン

解答

問1 ア 著作権　イ 産業財産権　ウ 無方式主義　エ 著作権法　オ 70

問2 ①、③　**問3** ①ア、エ　②イ、キ　③ウ、オ　④カ、ク

☑ **解説**

問1 「著作権」は、著作者が著作物を創作したときに自動的に発生します。したがって、権利を得るためにどんな手続きも必要ありません。ただし、ありふれた表現で創造性がないものなどは著作権の保護対象になりません。

問2 著作権法で保護される対象の代表的なものは以下です。

① **文学作品**：小説、詩、戯曲、エッセイ、文章など

② **音楽作品**：楽曲、歌詞、作曲、編曲など

③ **美術作品**：絵画、彫刻、写真、イラスト、グラフィックデザインなど

④ **映像作品**：映画、アニメーション、ドキュメンタリー、テレビ番組など

⑤ **舞台演劇作品**：劇本、演出、演技など

⑥ **コンピュータプログラム**：ソフトウェア、アプリケーション、ウェブサイトなど

⑦ **建築物**：建物の設計図や建築デザインなど

⑧ **文章、言語**：翻訳、解説、講義、発表スクリプトなど

これらは代表的なものであり、他にも著作権法で保護される様々な対象が存在します。

問3 「特許権」は**新しい発明や製造方法に対する保護**を提供し、新しい発明品の製造方法や高性能電子機器の特有な機能がこれに該当します。

「実用新案権」は**新規な形状や構造のデザインに対する保護**を提供し、家庭用電化製品の新しい形状デザインや携帯電話の画面保護システムの改良技術がこれに該当します。

「意匠権」は**製品の外観やデザインに関する保護**を提供し、車のヘッドライトの斬新なデザインや家具の新しい模様や外観デザインがこれに該当します。

「商標権」は**商品やサービスの識別に対する保護**を提供し、有名なスポーツブランドのロゴマークや人気飲料の独自のパッケージデザインがこれに該当します。

産業財産権とは

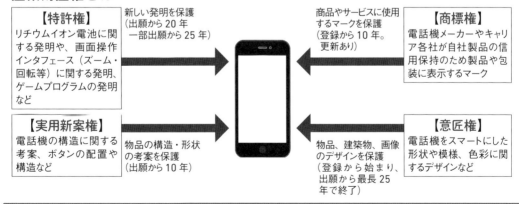

【特許権】
リチウムイオン電池に関する発明や、画面操作インタフェース（ズーム・回転等）に関する発明、ゲームプログラムの発明など

新しい発明を保護
（出願から 20 年
一部出願から 25 年）

商品やサービスに使用するマークを保護
（登録から 10 年。
更新あり）

【商標権】
電話機メーカーやキャリア各社が自社製品の信用保持のため製品や包装に表示するマーク

【実用新案権】
電話機の構造に関する考案、ボタンの配置や構造など

物品の構造・形状の考案を保護
（出願から 10 年）

物品、建築物、画像のデザインを保護
（登録から始まり、出願から最長 25 年で終了）

【意匠権】
電話機をスマートにした形状や模様、色彩に関するデザインなど

知的財産権 II

問1 空欄 [ア] から [エ] に当てはまる言葉をそれぞれ答えなさい。

　著作権とは、原則として作品の作者が独占的に行使できる権利であり、その範囲内であれば、他人がその作品を無断で使用することは法律で禁じられています。しかし、著作権には一定の制限があり、その一つが [ア] です。これは、他の人の言葉や作品を正確に使って情報や意見を示す行為を指し、一定の要件を満たすことで著作権侵害とはなりません。

　[ア] には以下の重要なルールがあります。

　　1　すでに [イ] された著作物であること。

　　2　公正な [ウ] に基づいていること。

　　3　正当な範囲内であること。

　　4　著作物の [エ] を明示すること。

問2 問1の [ア] の目的として正しいものを次のうちから選びなさい。

　⓪ 著作権を侵害するため。

　① 自分の意見を主張するための根拠を示すため。

　② 他の人の作品を盗用するため。

問3 著作権法では、一定の「例外的」な場合に著作権等を制限して、著作権者等に許諾を得ることなく利用できることを定めています。以下の選択肢から、この例外に当てはまる事例を3つ選びなさい。

選択肢

> ア. 書籍の一部を引用して評論する際
>
> イ. 映画の音楽を別の映画で使用する際
>
> ウ. ウェブサイトのデザインを無断でコピーする際
>
> エ. 著名な画家の絵画を展覧会で展示する際
>
> オ. 詩人の詩を私的な集まりで朗読する際
>
> カ. 小説を映画化する際
>
> キ. 商業音楽を無料でダウンロードする際
>
> ク. イラストレーターの作品を商品パッケージに使用する際
>
> ケ. ドラマの台本を別のドラマで使用する際
>
> コ. 詩集の詩を非営利のウェブサイトで公開する際
>
> サ. クラシック音楽の楽譜を演奏会で使用する際

解答 **問1** ア 引用　イ 公表　ウ 慣行　エ 出所　**問2** ①　**問3** ア、オ、コ

☑ **解説**

問1 「引用」とは、公表された作品を元の姿のまま用いる行為であり、一定の要件を満たすことで著作権侵害とはなりません。また、現代の著作権法の起源となる法律は、1710年に制定されました。この法律は、イギリスのアン女王により制定され、作者に対して一定の保護を提供しました。引用のルールの一つである、「正当な範囲内」というのは、たとえば自身の著作物のうち他人の著作物の占める割合が少ないことをいいます。自身の著作物のうち、他人の著作物が占める割合が大きいと「転載」です。「転載」とは、他人の著作物の一部または全部を複製・コピーして利用する行為のことです。引用のレベルを超えたものが転載です。転載を無断で行った場合は、著作権侵害に相当します。

問2 引用の目的には次のようなものがあります。

1 情報の裏付け：自分の主張や論文の根拠の裏付けとなります。

2 評価やレビューの補強：自分の評価やレビューの信頼性が高まります。

3 著作物への尊重の表示：引用することはその著作者への尊重を示す手段となります。

引用を行う際には、正確な引用元を示すために出典情報や引用符（"）を使用することが一般的です。

問3 著作権法の「例外的利用」には、一部を引用して評論するなどの場合が含まれます。このような場面では一般的に著作権者からの許諾を得る必要がなく、引用の範囲内で使用することが認められています。

また、詩を私的な集まりで朗読するなどの場合も含まれます。一般的にはこのような非商業的な使用は許可を得なくても行うことができます。非営利的なウェブサイトでの公開のような使用は著作権法上許可を得なくても行うことができます。

ただし、私的利用であっても、例外的利用に該当しない場合があります。たとえば、映画の盗撮は、映画の盗撮の防止に関する法律で禁じられています。同法は2007年に成立しました。今後も、社会状況によって、著作権に関する新たな法律が作られる可能性があります。ニュースや新聞をチェックするなどし、意図せず法律違反をしないようにしましょう。

> 著作権の保護期間を過ぎれば著作権は効力を失います。
> 保護期間は著作者の死亡した翌年の1月1日から起算して70年間と定められているほか、2人以上で作成した共同著作物の場合は最後の著作権者が亡くなってから70年間と定められています。

個人情報

問1 空欄 [ア] から [ウ] に当てはまる言葉をそれぞれ答えなさい。

氏名、住所、生年月日、性別を基本四情報とよびます。個人情報は、その人の [ア] を侵害する可能性があるため扱いに注意が必要です。[ア] は、個人の生活や思想、信念など、私的な部分をみだりに他人の目にさらされない権利を指します。個人情報の中でも、差別や偏見を招く犯罪歴や病歴は要配慮個人情報とよばれ、個人を特定できるパスポート番号のような符号は個人識別符号とよばれます。また、自身の顔や声、名前などを無断で公にされることなく、それらを自由にコントロールできる権利を [イ] といいます。これらの権利を守るために [ウ] という法律があります。これは、特定の個人を識別できる情報を適切に管理するための法律です。この法律には例外である🅐 オプトアウトがあります。

問2 問1の下線部🅐について、正しく説明しているものは次のうちどれか。
⓪ 個人が自身の情報の公開を許可する方式を指す。
① 個人が自身の情報の使用を拒否する方式を指す。
② 個人が自身の情報の削除を要求する方式を指す。
③ 個人が自身の情報の閲覧を要求する方式を指す。

問3 問1の [ア] について、正しく説明しているのは次のうちどれか。
⓪ 個人が公共の場で行う行動や発言にも適用される。
① 政府機関だけが尊重すべき権利であり、民間人には関係ない。
② 個人の私的な情報を保護し、無断で収集・公開されることを防ぐ。
③ テクノロジーの進化によって完全に無効化しつつある。

解答 **問1** ア プライバシー権　イ 肖像権　ウ 個人情報保護法（個人情報の保護に関する法律）
問2 ①　**問3** ②

☑ 解説

問1「個人情報」とは生存する個人に関する情報で、特定の個人を識別できる情報をいいます。たとえば、メールアドレスの場合、ユーザ名やドメイン名から特定の個人を識別することができるものは、それ自体が単体で個人情報に該当します。この他、番号、記号、符号などで、その情報単体から特定の個人を識別できる情報で、政令・規則で定められたものを「個人識別符号」といい、個人識別符号が含まれる情報は個人情報となります。

問2「オプトアウト」は、個人のプライバシーを保護するための方式であり、特定のサービスから個人情報の利用を停止することができます。これにより、個人は自分の情報がどのように利用されるかをある程度コントロールすることができます。

問3「プライバシー権」は、個人が自身の生活や思想などの私的な部分を他人から守るための権利です。この権利は、個人の情報が無断で収集・公開されることを防ぐことを意味します。

鉄板 010 重要度②

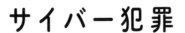

サイバー犯罪

問 空欄 [ア] から [オ] に当てはまる言葉をそれぞれ答えなさい。

　コンピュータネットワーク上で行われる犯罪をまとめてサイバー犯罪といいます。その代表例の一つに [ア] があります。[ア] は、許可なく他人のコンピュータシステムにアクセスする行為を指します。この行為は [イ] によって禁じられています。不正な方法で情報を盗むソフトウェアとしては、[ウ] があります。[ウ] は、ユーザが気づかないうちに個人情報を盗むソフトウェアを指します。また、詐欺的な手法を用いて個人情報を騙し取る行為を [エ] といいます。[エ] は、通常、信頼性のある組織や企業を装って行われます。さらに、人間の心理を利用して情報を盗む手法を [オ] といいます。[オ] は、対人関係や信頼関係を利用して情報を得る手法を指します。

解答 ア 不正アクセス　イ 不正アクセス禁止法　ウ スパイウェア　エ フィッシング
オ ソーシャルエンジニアリング

☑ **解説**

　「不正アクセス」とは、本来アクセス権限を持たない者が、サーバや情報システムの内部へ侵入を行う行為です。その結果、サーバや情報システムが停止してしまったり、重要情報が漏えいしてしまったりと、企業や組織の業務やブランド・イメージなどに大きな影響を及ぼします。その行為を禁止する法律が「不正アクセス禁止法」です。

　「スパイウェア」は、コンピュータ内部からインターネットに対して情報を送り出すソフトウェアの総称です。一般的には、そのようなソフトウェアがインストールされていることや動作していることにユーザが気づいていない状態で、自動的に情報を送信します。

　「フィッシング」のうち、特定の標的に対して行われるものを「スピアフィッシング」と呼びます。加害者は標的のことを下調べしたうえで、重要なデータや個人情報を直接盗みだそうとします。上司であると偽って部下からパスワードを聞き出そうとしたり、取引先企業の社員を装って連絡して企業情報などを盗もうとしたりするといった手口があります。被害者は、ある一定の人間関係がある者に対して警戒心を緩めることが多く、被害が大きくなりがちです。

　「ソーシャルエンジニアリング」は、情報通信技術を駆使せずに個人情報や機密情報を盗み出す行為です。たとえば、なりすまし電話によって対象から聞き出したり、SNS の投稿から個人情報を集めたり、という方法が該当します。

情報社会の問題解決

情報デザイン

コンピュータとプログラミング

情報通信ネットワークとデータの活用

鉄板
011 重要度③

情報セキュリティ

問1 空欄 [ア] から [エ] に当てはまる言葉をそれぞれ答えなさい。

　情報セキュリティは、情報の [ア]、[イ]、[ウ] の3つの要素を確保することを目的とします。[ア] とは情報が不正な手段で漏洩することなく、正当な利用者だけがアクセスできる状態を指します。[イ] とは情報が正確であること、または情報が不正に変更されないことを指します。[ウ] とは、必要なときに情報にアクセスできる状態を指します。これらの要素を保護するためには、さまざまな手段があります。その一つに [エ] という装置があります。[エ] は、ネットワークの安全を保つために、不正な通信をブロックする装置やソフトウェアです。

問2 情報セキュリティにおいて、問1の空欄 [ア] ～ [ウ] が確保された場合、どのような利点が期待できるか。

　⓪ 機密情報の保護と不正アクセスの防止。

　① システムのパフォーマンス向上と高速化。

　② ユーザの利便性の向上と簡素化。

　③ セキュリティ対策のコスト削減とシステムの改善。

問3 情報セキュリティの3要素について以下の事例は3要素のどの状態が侵害された状態と言えるか。

　Ⅰ サーバがダウンし、ユーザがシステムにアクセスできなくなった。

　Ⅱ 従業員がパスワードを不正に入手され、会社の内部情報が外部に漏洩した。

　Ⅲ データベースに格納されている情報が改ざんされ、正確な情報ではなくなった。

解答

問1 ア 機密性　イ 完全性　ウ 可用性　エ ファイアウォール　**問2** ⓪

問3 Ⅰ 可用性　Ⅱ 機密性　Ⅲ 完全性

☑ **解説**

問1 「機密性」を保持する具体的な対策は、アクセス制御や暗号化です。「完全性」は、アクセス制御やバックアップを行うことで保守しやすくなります。「可用性」については、バックアップや「冗長化」（障害が発生した際にもシステムが継続して動作するように予備の設備やシステムを平常時のうちから動作させておくこと）といった対策が行われています。「ファイアウォール」は、ほとんどのパソコンに搭載されている重要な装置やソフトウェアです。

問2 機密性、完全性、可用性が確保されると、機密情報の秘匿性が確保され、組織や個人の信頼性が向上し、重要な情報資産が安全に保護されることが期待できます。

問3 Ⅰはユーザが使えなくなっているので可用性の侵害、Ⅱは会社の内部情報が流出しているので機密性の侵害、Ⅲは情報が改ざんされているので完全性の侵害です。

情報の利用

問1 空欄 [ア] から [エ] に当てはまる言葉をそれぞれ答えなさい。

Ⓐ マスメディアは私たちにとって重要な情報源です。情報はそれぞれが [ア] という特性を持ち、それにより情報の価値や意義が決まります。情報の送り手が、ある [ア] を持って意図的に情報を発信するのに対し、情報の受け手も個別性を持って情報を選択し、受信します。つまり、情報には何らかの意図が発生します。近年はインターネット依存症やテクノ依存症、テクノ不安症といった問題も発生しています。情報の適切な利用には、「倫理」を意味する英単語である [イ] とマナーが重要です。

インターネット上のコミュニケーションでは一般的に本名を隠して明かしません。これを [ウ] といいます。[ウ] のメリットの一つとして、ユーザが自分の個人情報を開示せずにコミュニケーションができるというものがあります。これにより、個人のプライバシーが保護されます。一方で、デメリットも存在します。[ウ] の状態でのコミュニケーションでは、虚偽情報や悪意のある情報が拡散される可能性があります。また、信頼性のない情報源からの情報も増加するかもしれません。

さらに、インターネット上のコミュニケーションは国際的な性質を持つため、特定の国の法律に従うことが難しい場合があります。また、[エ] が適用される場合、プロバイダはユーザの情報を管理・監視する義務を持つことになります。これにより、違法な情報やコンテンツの拡散を防ぐ努力が求められます。

問2 問1の下線部Ⓐについて正しく説明しているのは次のうちどれか。
⓪ 私たちの価値観を形成し、社会的な行動規範を示す場合がある。
① 主に娯楽目的であり、私たちの生活に深い影響を与えるものではない。
② 常に信頼性が高く、それに基づいて行動することが最善である。
③ 人々が現実世界を理解するための唯一の手段である。

解答 **問1** ア 目的性　イ モラル　ウ 匿名　エ プロバイダ責任制限法　**問2** ⓪

☑ **解説**

問1 情報には「目的性」があるため、発信者が意図して悪用することができます。したがって、情報を扱う際には「モラル」や「マナー」が必要です。また、「プロバイダ責任制限法」は、インターネット上で権利侵害が生じた場合に、被害者が加害者を特定するための手続きや、プロバイダ（インターネットへの接続を提供する事業者）の損害賠償責任の範囲について定めた法律です。

問2 マスメディアは、主に娯楽目的に限定はできず、生活に大きな影響を及ぼします（①は不適）。問1で見たように「常に」信頼できるものだとはいえません（②は不適）し、現実世界を理解する「唯一の」手段ではありません（③は不適）。

情報の安全性

問1 空欄 [ア]、[イ] に当てはまる言葉をそれぞれ答えなさい。

Ⓐ デジタル署名は、システムを利用しようとしている人が、登録されている本人であるかどうかを識別する個人認証を行うための手段です。これにより、信頼性が確保されます。認証技術は他には、生体認証や知識認証を組み合わせる [ア] や、ワンタイムパスワードを用いた二段階認証などが有名です。また、情報の安全性を確保するためには**Ⓑ** バックアップを代表とする [イ] も重要です。[イ] はコンピュータや機器、システムに何らかの障害が発生した際に備えて、予備の設備やサブシステムなどを平常時から運用しておくことを指します。これらは、データの紛失や破損を防ぎ、情報システムの信頼性と持続性を高めます。さらに、変更履歴の記録を行うことで、データのログを追跡でき、不正な変更を検出できます。

問2 問1の下線部Ⓐについて正しく説明しているのは次のうちどれか。
　　⓪ メッセージの受信者が本人であることを証明する。
　　① メッセージの送信者が本人であることを証明し、メッセージの内容が途中で改ざんされていないことを保証する。
　　② メッセージの送信者と受信者が同一であることを保証する。
　　③ メッセージの内容が途中で読まれることを防ぐ。

問3 問1の下線部Ⓑについて正しく説明しているのは次のうちどれか。
　　⓪ データを二重に保存することで、一部のデータが消失した場合でも情報を保持できる。
　　① データの変更履歴を保存することで、過去のデータを復元できる。
　　② データの改ざんを防ぐための手段である。
　　③ データの送信を確認するための手段である。

解答　**問1** ア 二要素認証（多要素認証）　イ 冗長化　**問2** ①　**問3** ⓪

☑ **解説**

問1 2つ以上の異なる認証要素（たとえば、何かを知っている（知識認証）、何かを持っている（所持認証）、身体的特徴がある（生体認証））を組み合わせることで認証を行う「多要素認証」は、一つの要素が侵害されたとしても、他の要素でセキュリティを維持することができます。「二段階認証」はパスワード +SMS によるワンタイムパスワード、パスワード + 認証アプリなど2つの同じ要素、または異なる要素を用いて段階を経て認証を行う方法です。二要素認証と二段階認証は区別できるようしておきましょう。「冗長化」は、システムの一部が正常に機能しなくなっても全体が直ちに停止することを防ぎます。

問2 「デジタル署名」は、データの改ざん防止に役立ちますが、認証機関（電子署名法で定められた要件を満たしていると国が認めた事業者）への登録などの手続きが必要であり、利用するまでに時間がかかるというデメリットもあります。

問3 「バックアップ」により、情報の完全性や可用性を保持することができ、システムの信頼性と持続性が確保されます。

情報に対する攻撃

問1 空欄 [ア] から [ウ] に当てはまる言葉をそれぞれ答えなさい。

　正しく情報を利用し、他者とのコミュニケーションや行動において適切な判断を行うための倫理や規範を [ア] といいます。特に、情報システムに対する攻撃が増えている現代では、🅐 ウイルス対策ソフトウェアに関する理解も必要となります。また、不正アクセスの一つとして、パスワードを総当たりで試す攻撃である [イ] が行われることもあります。これらに対抗する措置として、🅑 情報セキュリティポリシーを整備し、組織全体で [ア] を遵守することが求められます。また、情報システムのセキュリティを評価・強化するために、サイバー攻撃などからユーザやシステムを守るセキュリティ人材である [ウ] の役割も重要です。

問2 問1の下線部🅐について正しく説明しているのは次のうちどれか。
　⓪ 情報システムのパフォーマンスを向上させるツール。
　① 情報システムから不要なファイルを削除するツール。
　② マルウェアや他の有害なソフトウェアから情報システムを保護するツール。
　③ 情報システムの使用者に対する認証を提供するツール。

問3 問1の下線部🅑について正しく説明しているのは次のうちどれか。
　⓪ 情報資源の適切な使用と保護を指導する原則とガイドラインを設定する文書。
　① 組織のネットワークに接続するすべてのデバイスを自動で更新するプログラム。
　② 組織内で情報の使用と共有を管理するためのソフトウェア。
　③ 組織が情報システムのセキュリティリスクを評価するためのツール。

解答
問1 ア 情報モラル　イ ブルートフォース攻撃　ウ ホワイトハッカー
問2 ②　**問3** ⓪

☑ **解説**

問1 「情報モラル」は情報の取り扱いにおける倫理的な観点を指します。
　「ブルートフォース攻撃」は試行錯誤によってパスワードを破る攻撃方法の一つであり、情報セキュリティポリシーの中で防止策が考えられます。
　「ホワイトハッカー」は、組織の情報システムのセキュリティを評価・強化するために必要な専門職です。

問2 「ウイルス対策ソフトウェア」とは、脅威の可能性のあるコンピュータウイルスなどを検知して、排除してくれるソフトウェアのことです。最近では、IDやパスワードのアカウント情報を盗もうとするフィッシング詐欺なども増えてきており、そういった悪意のある攻撃を未然に防ぐ機能もあります。

問3 「情報セキュリティポリシー」を整備することは、外部からの攻撃に対する対策になると同時に、周囲からの信頼を得ることにもつながります。

取引形式の進化

問1 空欄 [ア]、[イ] に当てはまる言葉をそれぞれ答えなさい。

　今日では [ア] が一般的になりつつあります。これはインターネットを介して商品やサービスの売買が行われるもので、Ⓐ ネットオークションのような形式があります。その進化の中でⒷ CtoC といった取引も誕生しました。また個人が商品を販売する際には、企業が消費者を相手に取引を行う [イ] を利用することが多くなっています。これらの取引には電子マネーやRFID、IC タグなどの技術が利用され、トレーサビリティシステムが重要となります。

問2 問1の下線部Ⓐについて正しく説明しているのは次のうちどれか。
　⓪ 店舗を持つ企業が商品を販売する取引形式。
　① 消費者が直接商品を製造し販売する取引形式。
　② インターネット上で行われる誰でも出品・入札が可能な競売の取引形式。
　③ 一般消費者が商業的に商品を販売する唯一の取引形式。

問3 問1の下線部Ⓑについて正しく説明しているのは次のうちどれか。
　⓪ 企業が他の企業に対して商品やサービスを提供する取引形式。
　① 企業が一般消費者に対して商品やサービスを提供する取引形式。
　② 一般消費者が他の一般消費者に対して商品やサービスを提供する取引形式。
　③ 一般消費者が企業に対して商品やサービスを提供する取引形式。

解答　**問1** ア 電子商取引　イ BtoC　**問2** ②　**問3** ②

☑ **解説**

問1 「電子商取引」は、インターネットを通じて商品やサービスの売買を行うことです。

問2 「ネットオークション」は、一般消費者が一般消費者に商品を販売する CtoC（Consumer to Consumer）の一形態ともいえます。

問3 「CtoC」は、一般消費者個々の人々が自身の商品を直接他の消費者に販売します。この形式は、ネットオークションなどに代表されます。一方、「BtoC」（Business to Consumer）は、企業が直接消費者に製品やサービスを販売します。他にも、「BtoB」（Business to Business）は企業間取引を、「BtoE」（Business to Employee）は会社の商品やサービスを一般消費者ではなく、従業員向けに提供するものを指します。

「トレーサビリティシステム」は、BtoB の取引で原材料の追跡に使われることもあるよ。原材料の情報は、バーコードやRFIDタグによってデジタル化され、データベースに保存されるんだ。他にも、製造過程の監視、消費者への情報提供などに役に立っているよ。RFIDタグは非接触で情報を読み取れるから、製品の迅速なスキャニングが可能だし、衛生的だから新型コロナが流行った後の大学入試のテーマにもってこいだよね。

鉄板

016

重要度 ②

現代の新しい情報技術

問1 空欄 [ア]、[イ] に当てはまる言葉をそれぞれ答えなさい。

昨今は**Ⓐ** AR や VR といった技術も誕生しました。VR は完全に人工的な環境を作り出すことです。また、ナビゲーションシステムでは、[ア] を使用して位置情報を提供します。一方、[イ] は地理情報を管理、分析するためのシステムです。さらに、スマート農業では**Ⓑ** IoT の技術が利用され、効率化と持続可能性を推進します。

問2 問1の下線部Ⓐ・Ⓑについて正しく説明しているのは次のうちそれぞれどれか。
　⓪ 人工的な環境を作り出す技術。
　① 現実世界にデジタル情報を追加する技術。
　② 現在の位置情報を提供する技術。
　③ 物理的な装置をインターネットに接続し、データ収集や共有を行う技術。

解答 **問1** ア GPS　イ GIS　**問2** Ⓐ ①　Ⓑ ③

☑ **解説**

問1,2 「AR（拡張現実）」は現実世界にデジタル情報を追加します。たとえば、「ポケモンGO」や「ドラゴンクエストウォーク」などのゲームアプリがあります。現実の地図とゲーム内の地図が同期されており、AR 技術によって、実際の風景に仮想のキャラクターが重なって表示されます。一方、「VR（仮想現実）」は完全に人工的な環境を作り出します。VR 技術を利用することで、たとえば、旅行体験や不動産の内見などを、家に居ながら行うことができます。また、

接客の研修を仮想現実で行うなど、社内研修などにも用いられています。
ナビゲーションシステムでは、「GPS（全地球測位システム）」が用いられ、現在位置の情報を提供します。「GIS（地理情報システム）」は地理的な情報を管理、分析するためのシステムです。
スマート農業では「IoT」（Internet of Things）の技術が利用され、作物の生育状況や害虫の発生状況のデータなどを収集・分析して作業の効率化や最適化を図ります。
「IoT」は、さまざまな物理的な装置をインターネットに接続し、データの収集と共有を行う技術です。

マルウェア

問1 空欄 [ア]、[イ] に当てはまる言葉をそれぞれ答えなさい。

　マルウェアにはさまざまな種類が存在します。たとえば、自己複製を行いネットワークを介して他のシステムに広がる [ア] や、有害なプログラムを一見無害なファイルに隠す [イ] などがあります。また、**Ⓐ ボット**もマルウェアの一つです。

　これらのマルウェアは共通して、**Ⓑ 残存性**という性質を持ちます。

問2 問1の下線部Ⓐについて正しく説明しているのは次のうちどれか。

　⓪ 通常、自己複製を行い、ネットワークを介して他のシステムに広がる。

　① 通常、他のコンピュータに感染し、それらを遠隔操作するために使用される。

　② 有害なプログラムを一見無害なファイルに隠す。

　③ ユーザの個人情報を盗むために設計されたマルウェアである。

問3 問1の下線部Ⓑについて正しく説明しているのは次のうちどれか。

　⓪ コンピュータに感染したマルウェアがシステムを離れず、システムを持続的に侵害する能力。

　① マルウェアが自己複製を行い、ネットワークを介して他のシステムに広がる能力。

　② マルウェアが他のコンピュータに感染し、それらを遠隔操作するために使用される能力。

　③ 有害なプログラムが一見無害なファイルに隠される能力。

解答 **問1** ア ワーム　イ トロイの木馬　**問2** ①　**問3** ⓪

☑ **解説**

問1 「ワーム」は高い繁殖能力と拡散能力をもつウイルスです。

　「トロイの木馬」はシステムには影響せず、主に個人情報を抜き取るために使われます。

　これらのマルウェアは共通して、**システムに残存する能力**を持ちます。その他にも「スパイウェア」や「キーロガー」といったマルウェアもあります。対策としては、セキュリティツールの活用や OS の最新化などがあります。

問2 「ボット」（BOT）とは、コンピュータを外部から遠隔操作するためのマルウェアです。ボットに感染したコンピュータは、ボットネットワークの一部として動作するようになります。そして、インターネットを通じて、悪意のある人が、常駐しているボットにより感染したコンピュータを遠隔操作します。

問3 「残存性」は、コンピュータに感染したマルウェアがシステムを離れず、システムを持続的に侵害する能力を指します。選択肢①、②、③はそれぞれワーム、ボット、トロイの木馬の特性を述べていますが、これらは残存性の定義ではありません。

情報社会の長所と短所

問1 空欄 [ア]、[イ] に当てはまる言葉をそれぞれ答えなさい。

　情報科学は人間の生活に多大な影響を与えています。人間の生活を大きく変えた技術として**Ⓐ**エスクローサービスと**Ⓑ**人工知能があります。

　しかし、情報社会が進むにつれ、新たな課題も生じてきています。一つは、情報機器の過剰な使用により生じる [ア] で、これは身体的、精神的な健康問題を引き起こすことがあります。また、情報へのアクセス能力の格差、すなわち [イ] も深刻な問題です。情報社会の利点を享受するためには、これらの問題に対する理解と対策が不可欠です。

問2 問1の下線部Ⓐについて正しく説明しているのは次のうちどれか。

⓪ あらゆるデジタルデータを追跡、記録するサービス。

① IT業務を自動化するサービス。

② 信頼できる第三者が取引の資金を一時的に保管し、取引が無事に完了したことを確認後に資金を受け取り手に移すサービス。

③ ソーシャルメディア上で多くの人々に任意の情報を発信するサービス。

問3 問1の下線部Ⓑについて正しく説明しているのは次のうちどれか。

⓪ インターネット上で個人の活動を追跡し、そのデータを収集する技術。

① デジタル技術の普及によって生じる社会的格差を解消するシステム。

② 人間が行う業務プロセスを自動化し、効率化する技術。

③ 人間の知能を模倣したコンピュータシステム。

解答　**問1** ア テクノストレス　イ デジタルデバイド　**問2** ②　**問3** ③

☑ **解説**

問1「テクノストレス」は、情報機器の過剰な使用により生じるストレスと情報機器を上手く扱えないことにより生じるストレスの2種類がありますが、主に前者のことを指すことが多くなっています。

「デジタルデバイド」は、個人間だけでなく、国や地域間でも起こっています。

問2「エスクローサービス」は、商品の値段交渉がネット上で成立した時点で、売り手と買い手の間にエスクローサービス提供会社が入り、その後買い手から代金を一時的に預かり、売り手から買い手への商品の到着、確認後に代金を売り手に支払うサービスです。

問3「人工知能」は学習、推論、認識等の知的な作業を自動化し、一部の領域では人間を超えるパフォーマンスを発揮することができます。人工知能の発展は情報科学だけでなく、経済、社会全体に影響を及ぼしています。

情報伝達の進化Ⅰ

問1 空欄 [ア] から [ウ] に当てはまる言葉をそれぞれ答えなさい。

　古代から現代まで、人間は情報を伝達するためにさまざまな方法を用いてきました。初期のコミュニケーションツールとしては、❹ ロゼッタストーンや、物を焼いて煙を上げ、それを離れたところから確認する [ア]、声調などを模倣する太鼓の奏法である [イ] などがあります。[ア] は信号として使われ、[イ] は遠くの人々とのコミュニケーションを可能にしました。さらに、エジプトで使用された文字の筆記媒体である [ウ] のような記録媒体も使われ、情報の保存と共有が可能になりました。近年では❽ マスメディアも情報伝達の手段として多く利用されています。

問2 問1の下線部❹について正しく説明しているのは次のうちどれか。
　⓪ 古代エジプトのヒエログリフを解読するための鍵となった記録媒体。
　① 人間の言語を解読するための人工知能。
　② 遠くの人々とのコミュニケーションを可能にする信号。
　③ 現代のマスメディアの一種。

問3 問1の下線部❽について正しく説明しているのは次のうちどれか。
　⓪ 情報を一般大衆に広く伝播する媒体。
　① 古代エジプトのヒエログリフを解読するための鍵となった記録媒体。
　② 遠くの人々とのコミュニケーションを可能にする信号。
　③ 人間の言語を解読するための人工知能。

解答 **問1** ア のろし　イ トーキングドラム　ウ パピルス　**問2** ⓪　**問3** ⓪

☑ **解説**

問1 情報の伝達手段として、飛脚や伝書鳩といった方法もありました。2世紀初頭に、中国で実用的な製紙法が発明されて以降は、情報の記録や伝達の媒体として紙が使われるようになりました。

問2 「ロゼッタストーン」（図1）は古代エジプトのヒエログリフを解読する鍵となりました。この石碑には同じ内容がヒエログリフ、デモティック、ギリシャ語の3つの言語で記されており、これによりヒエログリフが解読されることとなりました。

問3 「マスメディア」は、テレビ、ラジオ、新聞、インターネットなどです。これらの登場により、より多くの人々がより早く情報を共有できるようになりました。

図1 ロゼッタストーン
(iStock.com/gyro)

情報伝達の進化 II

問 空欄 [ア] から [オ] に当てはまる語句や数字をそれぞれ答えなさい。

　情報伝達の手段は、時間とともに進化してきました。19世紀に初めて電気信号を用いて情報を送るために開発されたのは [ア] で、モールスが開発に関与しました。これに続いてベルが [イ] を発明し、音声通信が可能となりました。19世紀の終わり頃にはマルコーニによって [ウ] が発明されました。マルコーニは後に、アメリカ大陸とヨーロッパの間で無線通信の実証試験を行っています。その後、電波による音声放送である [エ] とテレビが登場し、聴覚的な情報や視覚的な情報も伝達できるようになりました。技術革新は、瞬時に情報を遠距離に伝達することを可能にし、メディアの発達に革命をもたらしました。しかし、この進歩により個人のプライバシーが脅かされる危険性も高まりました。この状況に対応するため、国際社会は個人情報保護の必要性を強く認識するようになり、経済協力開発機構 (OECD) は OECD プライバシー8原則を提唱し、各国の個人情報保護法の基盤となりました。日本もこの流れを受け、個人情報保護法を制定し、2015年の改正の際に [オ] 年ごとに見直しの規定を設けました。

解答 ア 電信機　イ 電話機　ウ 無線電信機　エ ラジオ　オ 3

☑ **解説**

アメリカの発明家「モールス」が電信機（図1）を開発し、その後アメリカの科学者であった「ベル」が音声通信可能な電話機を発明したことはよく知られています。

モールスは元々画家でしたが、後に電信の開発に関与しました。モールスコードとして知られる一連の点と線を使って情報を伝達する方法を開発しています。

ベルの開発した電話機は、音声を電気信号に変換し、それを再び音声に戻すことで遠距離の音声通信を可能にしました。

図1 電信機
(iStock.com/keni1)

イタリアの発明家であるマルコーニは「無線通信の父」と呼ばれています。「ラジオ」とテレビは、音声や視覚情報を送る重要な媒体となりました。これらの発明は、情報の伝達方法に革命をもたらし、世の中の変化を早めました。個人情報保護に関する世界的な取り決めとして「OECD プライバシーガイドライン8原則」が定められ、日本の個人情報保護法の改正が3年スパンになりました。この背景には、急速な技術進化に合わせた法整備の重要性が関係しています。

AIとニューラルネットワーク

「人工知能（AI）」という言葉を耳にすると、映画の中のロボットや未来のテクノロジーを想像しがちですが、実は、人工知能（AI）は私たちの生活にすでに根付いています。スマートフォンの音声アシスタントや、Netflix のおすすめリスト、さらには SNS のフィードの並び替えまで、AI が関わっています。「人工知能（AI）」は、コンピュータが人間のように思考し、学習し、問題を解決する技術やその研究領域全般を指します。今回は、AI 技術の一つである「ニューラルネットワーク」を紹介します。

「ニューラルネットワーク」は、人間の脳の神経細胞（ニューロン）の仕組みにヒントを得て開発された、AI 技術の中の一つの手法です。簡単に言うと、AI は脳みそのように考えるコンピュータ全般のことを言い、ニューラルネットワークは脳みその一部分を真似た技術のことです。ニューラルネットワークは、脳の神経細胞が相互に繋がって情報処理を行う様子を模倣し、データから学習して特定のタスクをこなせるように設計されています。これにより、画像認識や音声認識など、複雑な問題に対応する AI システムを構築することができます。

　AI が世界を理解し、様々なタスクをこなすためには、何かを「学ぶ」必要があります。これは「機械学習」というプロセスを通じて行われます。機械学習は「①データの収集」、「②パターンの学習」、「③テストと改善」の順番で行われます。

　たとえば、私たち人間が料理の写真を見て「これはピザだ」と判断するとき、人間の脳は色々な情報（チーズの色、トマトの形、生地の厚さなど）を組み合わせて「ピザ」と認識します。ニューラルネットワークも同じように、写真という情報を入力として受け取り、その写真が何を表しているのかを「学習」によって判断することができます。

　「学習」とは、大量のデータからパターンや規則性を見つけ出し、それを使って新しいデータについての予測や判断を行うプロセスです。たくさんのピザの画像を見せられたニューラルネットワークは、徐々に「ピザらしさ」とは何かを学習していきます。この過程で重要なのが、「誤差逆伝播」という方法です。これは、ネットワークが出した答えが間違っていた場合に、どこをどう直せば良いかを計算し、自己修正する手法です。

　ニューラルネットワークは以下のような場面で活用されています。

画像認識	日常生活ではスマートフォンのカメラで顔を認識したり、医療分野では画像から病気を見つけたりします。
言語処理	Google 翻訳のようなサービスが、さまざまな言語を正確に翻訳します。
推薦システム	Netflix や Amazon がユーザの好みに合った映画や商品を提案します。

具体例をイメージするために、「自動運転車の開発」の手順を整理しましょう。

1 データの収集

センサとカメラの使用

自動運転車に搭載された多数のセンサやカメラが、車の周囲の情報を収集します。これには、道路の状態、他の車両や歩行者の位置、信号の色など、運転に必要な様々なデータが含まれます。

2 パターンの学習

データ処理と分析

収集されたデータは、車載コンピュータによって処理されます。この段階では、前方に歩行者がいるか、隣の車線に車がいるか、信号の色などの情報が分析され、これらの情報からパターンを学習します。

機械学習の適用

収集されたデータはニューラルネットワークに供給され、車両の運転に関する様々なシナリオに対応するためのパターンを学習します。たとえば、特定の道路状況でどのように運転するか、どのように障害物を避けるかなどです。

3 テストと改善

意思決定のプロセス

学習したパターンを基にして、車載コンピュータは安全な運転に必要な意思決定を行います。これにはブレーキの使用、ハンドルの操作、加速などが含まれます。

経験からの学習

自動運転車は運転中に得た経験を「学習」し、運転方法を改善します。運転の各インスタンス（事実や事例）からデータを収集し、それを使ってより良い運転方法を学び、システムを継続的に改善します。

自動運転を実現させるために、コンピュータに数万枚以上の大量の画像データを学習させる必要があります。雪や雨のような天候など多様性に対応し、異常事態も学習し、継続的に改善するため、定期的に追加のデータで学習を行う必要があります。

さらに、科学研究におけるデータ解析にもニューラルネットワークは重要な役割を果たしています。膨大な量の実験データからパターンを見つけ出し、新たな科学的発見に貢献することが期待されています。

一言で表すと、ニューラルネットワークは「パターン認識」の技術と言えるよ。

Society 5.0 ～ビッグデータの活用～

「Society 5.0」とは、単に大量のデータを活用するだけではなく、サイバー空間とフィジカル空間が相互に連関するシステムを通じて、社会のあらゆる領域に革新をもたらす社会です。コンピュータネットワーク（サイバー空間）と物理的なプロセス（フィジカル空間）が密接に統合され、リアルタイムでのデータ収集と分析、そしてそのデータに基づく物理世界での即時の反応が可能になります。たとえば、自動運転車、スマートグリッド、ロボット工学、健康管理システムなどが有名です。

　具体例として、自動車の運転を題材に、Society 4.0 と Society 5.0 の違いを考えてみましょう。

　Society 4.0では、カーナビゲーションで目的地を検索して人間が運転します。一方Society 5.0では、自動車に搭載されたカメラやセンサでコンピュータが情報を収集し、AIが判断した安全なルートを自動で走行します。

　以下に Society 5.0 で実現される事象を紹介します。

1. 交通システムの最適化

例 シンガポールでは、交通量のデータを分析して交通渋滞を減少させ、最適なバスルートを設定しています。さらに、GPS データや乗客の流れをリアルタイムで分析し、必要に応じてバスの本数を調整しています。

2. 医療分野の革新

例 IBM の Watson は、医療データを分析して患者の診断を支援しています。過去の症例、研究論文、患者の医療記録など膨大なデータから、最適な治療法を提案します。

3. 小売業のパーソナライズ

例 Amazon や Netflix は、ユーザの過去の購入履歴や視聴履歴を分析し、個々の好みに合わせた商品や映画を推薦しています。これにより、顧客満足度を高め、売上を増加させています。

4. 災害予測と対策

例 地震や台風などの自然災害のデータを分析し、将来の災害リスクを予測します。また、過去の災害データから最適な避難路の計画や、災害時の物資配布計画を立てることができます。

5. 農業の効率化

例 ドローンやセンサを使って農地の状態を把握し、水や肥料の最適な配分を計算します。これにより、収穫量を増やしつつ、資源の無駄遣いを減らすことができます。

第2章

情報デザイン

コンピュータでの処理の仕組み・2進法

問1 空欄 [ア] から [ウ] に当てはまる言葉をそれぞれ答えなさい。

　コンピュータは、情報を電気信号として扱います。この電気信号は、電圧の高低で表現され、特定の [ア] を超えると「1」、それ以下で「0」と解釈されます。

　このような2種類の数字を使って数を表す方法を<u>2進法</u>とよび、0と1の2択をバイナリと呼ぶこともあります。コンピュータは2進法で表された数値の列でできた [イ] を認識して動作します。

　一方、私たちが日常的に使用する数値システムは [ウ] であり、0から9までの10種類の数字を使用します。人間が直接バイナリや [イ] を読み書きすることは困難であるため、より人間にとって読みやすいプログラミング言語が開発されています。

問2 問1の下線部Ⓐについて2進法で表された$1011_{(2)}$を10進法に変換しなさい。

解答　**問1** ア しきい値　イ 機械語　ウ 10進法　**問2** 11

☑ **解説**

問1　「しきい値」は電圧の高低を示す基準値のことで、この値を超えるかどうかで電気信号を「1」または「0」として解釈します。

　　「機械語」はコンピュータが直接理解できる0と1のバイナリ形式のコマンドです。コンピュータは機械語でプログラムされたコマンドを実行します。

　　「10進法」は私たちが日常的に使う数値システムで、0から9までの10種類の数字を使って数を表します。これは人間にとって直感的で、プログラミング言語などでのインデックスにも使用されます。

問2　「桁の重み」を考えましょう。私たちに身近な10進数には、10の位には$10(=10^1)$の重みがあり、100の位には$100(=10^2)$の重みがあります。

n進数の桁の重みは右のように表せます。

$1011_{(2)}$の場合、2^3の位が1、2^2の位が0、2^1の位が1、2^0の位が1なので、

整数部				小数点	小数部			
n^3	n^2	n^1	n^0	.	n^{-1}	n^{-2}	n^{-3}	n^{-4}

n が2 つまり 2進法なら以下の通り!

8	4	2	1	.	$\frac{1}{2}$	$\frac{1}{4}$	$\frac{1}{8}$	$\frac{1}{16}$

$1011_{(2)}$

$= 2^3 \times 1 + 2^2 \times 0 + 2^1 \times 1 + 2^0 \times 1$

$= 8 \quad + \quad 0 \quad + \quad 2 \quad + \quad 1$

$= 11_{(10)}$

$2^0 = 1$だよ！

アナログデータとデジタルデータ

問1 空欄 [ア] から [ウ] に当てはまる言葉をそれぞれ答えなさい。

データ量の最小単位を [ア] と呼びます。これは、0または1の値を取るので、1 [ア] につき、2つの選択肢を表示できます。n [ア] につき、2^n の情報を識別できるので、たとえば、大文字のアルファベット（26種類）を識別するためには、5 [ア] （$2^4 < 26 < 2^5$）の情報量が必要です。

Ⓐ アナログデータをⒷ デジタルデータに変換するためには、標本化・量子化・ [イ] という3段階の処理を行います。[イ] はデータを [ア] 列に変換することをいいます。また、通常8 [ア] で1 [ウ] となる単位の変換も重要です。

問2 問1の下線部Ⓐについて正しく説明しているのは次のうちどれか。
⓪ 離散的な値の集合で表現される。
① 時間や空間内で連続的に変化する情報を表現するためのデータ形式である。
② 文字や数値のようなシンボリックな形で表現される。
③ いずれの情報も失われることなく無限にコピーできる。

問3 問1の下線部Ⓑについて正しく説明しているのは次のうちどれか。
⓪ 時間や空間内で連続的に変化する情報を表現するためのデータ形式である。
① コピーのたびに必ず品質が劣化する。
② 一連の離散的な値（通常は2進数）で表現される情報の形式である。
③ 音声や映像などの情報を変換することなく表現できる。

解答 **問1** ア ビット　イ 符号化　ウ バイト　**問2** ①　**問3** ②

☑ **解説**

問1 デジタルデータを扱う際、情報の最小単位となるのが「ビット」（bit）です。ビットは0または1の値を持つことができます。また、この情報を人間が理解可能な形に変換する過程を「符号化」と言います。なお、0と1に変換されたデータを「符号」といいます。8ビットは1「バイト」（Byte）、または1「オクテット」です。bit は小文字の b で、Byte は大文字の B で表現されることが多いです。

問2 「アナログデータ」は連続的な値を取ることが可能で、具体的には音声や映像などの情報が表現されます。自然界に存在する色や温度、時間などの連続的に変化するものはほとんどがアナログデータです。また、アナログデータはシンボリックな形ではなく、連続的な変化を表現し、コピーのたびに品質が劣化する可能性があります。

問3 「デジタルデータ」は、一連の離散的な値で情報を表現します。これらの情報はデジタル化（アナログからデジタルへの変換）のプロセスを経てデジタルデータとなります。自然界に存在する数量の概念を正確に表現することは難しいため、アナログデータを段階的に区切ってデジタルデータとして表現します。

デジタル情報の単位

問1 空欄 [ア] から [キ] に当てはまる言葉をそれぞれ答えなさい。

表1. 情報の単位と大きさ

単位	読み方	単位の比較
bit	ビット	-
B（Byte）	バイト	1B = [ア] bit
[イ]	[ウ]	1 [イ] = 1,024B
[エ]	[オ]	1 [エ] = 1,024 [イ]
[カ]	[キ]	1 [カ] = 1,024 [エ]
TB	テラバイト	1TB = 1,024 [カ]
PB	ペタバイト	1PB = 1,024TB

問2 次の式の空欄を埋めなさい。ただし、1000Byte=1KB とします。

① 16KB = 【　】bit

② 2GB = 【　】bit

③ 20,000,000bit = 【　】MB

解答

問1 ア 8　イ KB　ウ キロバイト　エ MB　オ メガバイト　カ GB　キ ギガバイト

問2 ① 128,000　② 16,000,000,000　③ 2.5

☑ **解説**

問1 この表は情報科目の大切な単位がまとまっています。必ず理解して使いましょう。また、大学受験の入試問題として出題される際は、「1000Byte=1KB とする」や「1000KB=1MB とする」といった注意書きがあることが多いです。問題文を確認してから計算するようにしましょう。

問2 表1を理解して計算します。

① $16KB = 16 \times 1000Byte = 16,000 \times 8bit = 128,000bit$

もともとKB　　　ここまでByte

KBをByteにするために×1000　Byteをbitにするために×8

② $2GB = 2 \times 1000 \times 1000 \times 1000 \times 8bit = 16,000,000,000bit$

GB　MB　KB　Byte　bit

③ $20,000,000bit = 20,000,000 \div 8 \div 1000 \div 1000 = 2.5MB$

bit　Byte　KB　MB

ビット数による表現　フルカラー

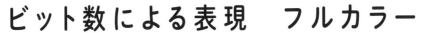

問1 空欄 [　ア　] から [　エ　] に当てはまる言葉をそれぞれ答えなさい。

　1bit は、0 または 1 の二つの状態を表現できますが、現実世界の色の多様性を表現するためには不十分です。多様な色情報を表現するためには複数の bit を組み合わせて使用します。特に RGB と呼ばれる色空間では、光の 3 原色である赤、緑、青をそれぞれ別々の bit で表現します。RGB 色空間では、各色を 8bit で表現することが一般的で、これを合計すると [　ア　] bit となります。この [　ア　] bit で表現される色空間は [　イ　] または [　ウ　] と呼ばれ、約1670 万色を表現することができます。一方、音声情報のデジタル化の中でも [　エ　] は音の大きさを約 1677 万段階に区別し、非常に高い解像度で音声を表現できます。

問2 ある画像は解像度 1920 ピクセル × 1080 ピクセル（フル HD）、色情報は [　ア　] ビット [　イ　]（各色 8bit）で表現されています。**この画像のデータ量は約何 MB か計算しなさい。小数第一位を四捨五入して整数値で答えなさい。**ただし、空欄 [　ア　]、[　イ　] は問 1 のものと対応し、1000Byte=1KB とします。

解答
問1 ア 24　イ フルカラー　ウ トゥルーカラー（イ、ウは順不同）　エ ハイレゾ
問2 6MB

☑ 解説

問1 「RGB 色空間」は、赤、緑、青の 3 原色からなる色を表現できます。各原色を 8bit で表現するということは、1 つの色につき 256 の異なる色の強度（明るさや濃さ）を表現することができるということです。赤、緑、青の 3 つの色をそれぞれ 8bit で表現するため、合計で「24bit」となります。この 24bit の表現能力によって、約 1670 万色を表現することができます。このため、24bit の色表現は「フルカラー」や「トゥルーカラー」と呼ばれます。音のデジタル化において、「ハイレゾ」は CD に比べて約 6.5 倍の情報量をもち、高音の伸びや響きをより原音に近い音質で再現できます。

問2 まず、画像の全ピクセル数を計算します。

1920 ピクセル × 1080 ピクセル ＝ 2,073,600 ピクセル

次に、1 ピクセルあたりのデータ量を計算します。24 ビットカラーなので、1 ピクセルあたり 24 ビット（3 バイト）のデータ量が必要です。これらを掛け合わせると、画像全体のデータ量は、2,073,600 ピクセル × 3 バイト / ピクセル で、約 6.2MB となり、四捨五入して 6MB となります。

1920 × 1080 × 3 ÷ 1000 ÷ 1000 ≒ 6MB
Byte　　　KB　　　MB

ピクセル×ピクセルで
画素数が出る

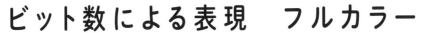

2 進数と 16 進数

次の文章を読んで、以下の問題に答えなさい。

データの表現方法として 2 進法と 16 進法が頻繁に用いられます。2 進法は、0 と 1 の二つの数字だけを用いてデータを表現する方法で、コンピュータ内部でのデータの表現に広く用いられます。

一方、16 進法は 0 から 9 までの数字と A から F までのアルファベットを用いてデータを表現する方法で、2 進法で表現されたデータを🅐人間が扱いやすい形に変換するために用いられます。2 進法と 16 進法の間には「4:1 の関係」が存在します。これは、16 進法の 1 桁が 2 進法の 4 桁に対応するためです。

問1 **文章中の下線部🅐について、16 進法が人間にとって扱いやすい理由を一つ選びなさい。**

⓪ 16 進法は色の表現に適しているため。

① 16 進法は大量のデータを短い文字列で表現できるため。

② 16 進法は計算が容易であるため。

③ 16 進法はデータの安全性を保証するため。

問2 **以下の問題に答えなさい。**

① 10 進数の 30 $_{(10)}$ を 2 進数に変換しなさい。

② 2 進数の 10101111 $_{(2)}$ を 16 進数に変換しなさい。

③ 16 進数の D $_{(16)}$ を 2 進数に変換しなさい。

④ 10 進数の 13 $_{(10)}$ を 16 進数に変換しなさい。

解答 **問1** ① **問2** ① 11110 ② AF ③ 1101 ④ D

☑ 解説

問1 16進法は1桁で2進法の4桁のデータを表現できるため、大量のデータを短い文字列で表現することが可能です。コンパクトな表現で、2進法との変換が容易であるため、エラーの検出がしやすいことが、人間にとって扱いやすい理由です。16進数であれば、4ビットごとの「まとまり」で情報を見ることができるので、エラーの検出や修正が簡単になります。

<table>
<tr><td rowspan="7">文字コードASCIIの"A"は（2進法で「01000001」）16進法で「41」とコンパクトに表現できる！
同様にIPv6や色（RGBカラーコード）も16進法が関わっているよ！</td></tr>
</table>

文字コードASCIIの"A"は（2進法で「01000001」）16進法で「41」とコンパクトに表現できる！
同様にIPv6や色（RGBカラーコード）も16進法が関わっているよ！

```
0 1 0 0 : 0 0 0 1
× × × × : × × × ×
8 4 2 1 : 8 4 2 1
0+4+0+0 : 0+0+0+1
=4      : =1
   4    :   1
```

問2 ①10進数を2進数に変換するには、2で割り、その余りを桁として記録します。商が0になるまで繰り返します。余りを下から読むと2進数になります。

$30 \div 2 = 15$余り0
$15 \div 2 = 7$余り1
$7 \div 2 = 3$余り1
$3 \div 2 = 1$余り1
$1 \div 2 = 0$余り1

```
2) 30
2) 15  ... 0
2)  7  ... 1
2)  3  ... 1
    1  ... 1
```
下から順番に読む！

② 2進数を16進数に変換するには、右から4桁ごとに区切り、その各グループを16進数に変換します。この場合、1010は16進数では A となり、1111は16進数では F となります。

$$1010 \ 1111$$
← 4桁ずつで区切る
$A_{(16)} \quad F_{(16)}$

③ ④ 16進数と10進数の右の対応表を頭に入れておくと早いです。

16進数は0から始まりFで終わりますから、2進数においては、右の表の一番右下の$F_{(16)}$は$1111_{(2)}$に対応していて、一つ上に戻ると$E_{(16)}$は$1110_{(2)}$に対応していて、さらに一つ上に戻ると$D_{(16)}$は$1101_{(2)}$に対応している…と考えることもできますね。

$1111_{(2)}$　$F_{(16)}$　$15_{(10)}$

すべて1でケタ上がり寸前だ！

2進法→16進法　と　16進法→2進法　の変換は重要です。

10進数	2進数	16進数
0	0000	0
1	0001	1
2	0010	2
3	0011	3
4	0100	4
5	0101	5
6	0110	6
7	0111	7
8	1000	8
9	1001	9
10	1010	A
11	1011	B
12	1100	C
13	1101	D
14	1110	E
15	1111	F

文字コードと暗号化

問1 太郎さんは友達の花子さんに秘密のメッセージを送りたいと思いました。 太郎さんはシンプルな方法を考えて、各文字を次の文字に変換することでメッセージを「暗号化」しました。'A' は 'B' に、'B' は 'C' に変換されます。'Z' は 'A' に戻ります。

太郎さんが送った暗号化されたメッセージは「CF BDF」です。**元のメッセージは何でしょうか?**

問2 太郎さんは文字コードに興味を持ち始め、友達の花子さんにもっと複雑な暗号化方法を試してみたいと思いました。 太郎さんは文字の Unicode コードポイントを調べて、それに基づいて文字を変換する方法を考えました。

① 文字の Unicode コードポイントを調べる。

② そのコードポイントに 3 を加算する。

③ 新しいコードポイントの文字に変換する。

例:'A' の Unicode コードポイントは U+0041 です。これに 3 を加算すると U+0044 となり、この新しいコードポイントは文字 'D' に対応します。

太郎さんが花子さんに送った暗号化されたメッセージは「EH FRRO」です。**元のメッセージは何でしょうか?**

解答 **問1** BE ACE **問2** BE COOL

☑ **解説**

問1 太郎さんの使用した暗号化方法は、文字コードの一つ後の文字に置き換える方法です。したがって、各文字を一つ前の文字に戻して読む必要があります。

「C」の前は「B」
「F」の前は「E」
「B」の前は「A」
「D」の前は「C」
「F」の前は「E」

```
C F  B D F
1つ前に  ↓ ↓  ↓ ↓ ↓
戻す！
B E  A C E
```

```
A B C D E F ……
  ↙ ↙ ↙ ↙ ↙ ↙
A B C D E F ……
```

問2 太郎さんの使用した暗号化方法は、各文字の Unicode コードポイントを基に、3つ先の文字に置き換える方法です。解読するには、暗号化された各文字を3つ前の文字に戻す必要があります。

「E」の3つ前は「B」
「H」の3つ前は「E」
「F」の3つ前は「C」
「R」の3つ前は「O」
「R」の3つ前は「O」
「O」の3つ前は「L」

```
E H  F R R O
3つ前に  ↓ ↓  ↓ ↓ ↓ ↓
戻す！
B E  C O O L
```

いわゆる「シーザー暗号」。3つ戻すことが復号の鍵ってことだよ！

鉄板

027

重要度 ②

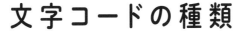

文字コードの種類

問1 空欄 [ア] から [ウ] に当てはまる言葉をそれぞれ答えなさい。

　人間がコンピュータとコミュニケーションを取るためには、自然言語的な表現で表された情報を機械言語的な表現で表された情報に変換する必要があります。この変換を行うためには、Ⓐ ASCII コード、Ⓑ シフト JIS コードのような [ア] が使用され、さらに全世界共通で使えるように、世界中の文字を収録する [イ] が使用されています。これらは、特定の文字や記号をバイナリコード（コンピュータが理解できる 2 進数で表されたコード）に対応付けます。異なる [ア] を使ってしまうと文字が正しく再現されません。これを [ウ] といいます。

問2 問1の下線部Ⓐ・Ⓑについて、正しく説明しているものは次のうちそれぞれどれか。

　⓪ 言語に依存せず、すべての文字をカバーしている文字コード。

　① 日本で主に使用される 2 バイトの文字コード。

　② アルファベットや数字、一部の記号などを表現する 7 ビットの文字コード。

　③ 制御文字に意味がない文字コード。

解答　**問1** ア 文字コード　イ Unicode　ウ 文字化け　**問2** Ⓐ ②　Ⓑ ①

☑ **解説**

問1 パソコンやスマートフォンは、実は文字を「0」と「1」の数字の組み合わせで理解しています。この表現ルールを「文字コード」といいます。その中でも世界の様々な言語を一つの文字コードでまとめて管理したルールが「Unicode」です。Unicode は、文字を数字に換えるためのルールをまとめた文字コード体系の一つです。他にも、シフト JIS や EUC などといった文字コード体系が存在します。それぞれの体系は、同じ文字でも異なる数字に変換することがあります。ウェブサイトを見ていると、変な記号や文字が表示されることがあります。これを「文字化け」とよび、送信側と受信側のデータの文字コード体系が合っていない場合に発生します。

問2 「ASCII」（American Standard Code for Information Interchange）は、アルファベットや数字、一部の記号などを表現するための7ビットの文字コードです。漢字やカタカナは非対応のため、日本語を表現するには不向きです。制御文字はコンピュータに指示を出す特別な意味を持ちます。

　「シフト JIS コード」は、日本で主に使用される文字コードで、1バイトまたは2バイトで文字を表現します。すべての言語をカバーしているわけではなく、主に日本語を表現するために使用されます。

情報社会の問題解決

情報デザイン

コンピュータとプログラミング

情報通信ネットワークとデータの活用

音のデジタル化

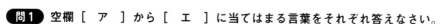

問1 空欄 [ア] から [エ] に当てはまる言葉をそれぞれ答えなさい。

音声や映像などのアナログ信号をデジタルデータに変換するためには、**A** A/D 変換という工程が必要になります。A/D 変換では、標本化、[ア]、符号化の 3 つの工程があります。最初に標本化が行われ、信号を一定の時間間隔（**B** 標本化周期）で取り出します。音声信号をデジタル化する際には、一般的に 1 秒間に 44100 回（44.1kHz）の [イ] でサンプリングが行われます。次に、取り出した値を一定の範囲で区切る [ア] が行われ、これにより信号の振幅値がデジタル化されます。この時の区切りの細かさは [ウ] で決まります。最後に符号化が行われ、デジタルデータとして表現されます。

なお、アナログ信号をデジタルデータに変換する際に生じる誤差を [エ] といい、[イ] が大きいほど誤差は小さくなります。

問2 問1の下線部**A**・**B**について、正しく説明しているものは次のうちどれか。正しいものを一つずつ選べ。

⓪ デジタル信号をアナログ信号に変換する工程。

① 一定の時間間隔でアナログ信号をサンプリングし、デジタル信号に変換する工程。

② MIDI 信号をアナログ信号に変換する工程。

③ 標本化周期を使用してアナログ信号を高速に変換する工程。

④ 標本化の際にアナログ信号をサンプリングする時間間隔。

問3 右の波形を、時間の記載があるタイミングでサンプリングして3ビットに符号化しなさい。

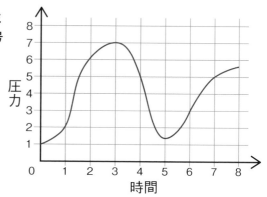

解答

問1 ア 量子化　イ 標本化周波数　ウ 量子化ビット数　エ 量子化誤差

問2 **A** ①　**B** ④　**問3** 001010110111101001011101110

☑ 解説

問1 「標本点」と次の標本点との間の時間間隔を「サンプリング周期（標本化周期）」といいます。1秒間あたりに標本化する回数を「サンプリング周波数」といい、単位は「Hz（ヘル

ツ）」と表記することがあります。「標本化」で拾い出した標本点の値を、最も近い値に割り当てる操作を「量子化」といいます。このとき、波形の値を2の何乗の段階の数値で表現するかを示す値を「量子化ビット数」といいます。サンプリング周波数と量子化ビット数を多くするほど本来の波に近い形を表現できます。音楽や音声をデジタルデータとして保存するとき、連続的なアナログ信号（例：実際の音声）をデジタルデータに変換します。このとき元のアナログ信号をそのまま変換できず誤差が発生します。これを「量子化誤差」といいます。

問2 ⓪ は逆の変換、つまり「D/A 変換」（デジタルからアナログへの変換）を説明しています。

① は正確に「A/D 変換」の説明をしています。アナログ信号は連続的な値を取りますが、デジタル信号は離散的な値しか取りません。そのため、一定の時間間隔でアナログ信号をサンプリングし、それをデジタル信号に変換する必要があります。

② は「MIDI 信号」というデジタル信号をアナログ信号に変換することを説明していますが、これは A/D 変換の説明ではありません。MIDI は音楽機器間の通信規格の一つです。

③ は具体的な変換方法や何を指して「高速に変換」というのかが不明確で、A/D 変換の正確な説明とはいえません。

④ は正確に「標本化周期」の定義を説明しています。アナログ信号をどれだけの頻度でサンプリングするかを示す重要なパラメータです。

問3 音の A/D 変換の流れは以下の通りです。

標本化（サンプリング）→量子化→符号化

サンプリング：与えられた波形を、指定された時間の記載があるタイミングでサンプリングします。つまり、そのタイミングでの波形の値（通常は振幅）を測定します。今回は0秒で1、1秒で2、2秒で6……です。

量子化：サンプリングによって得られた離散的なデータを、一定の量子化レベル（つまり、一定の数値の範囲）に丸め込む（または切り捨てる）段階のことを指します。この量子化レベルは、通常、ビット深度（ビット数）によって決まります。たとえば、ビット深度が3ビットの場合、可能な量子化レベルは2の3乗、つまり8段階となります。今回は

1 2 6 7 5 1 3 5 6

になります。

符号化：量子化で得られた値をデジタルデータに変換するため0と1の符号に符号化します。今回は

1 2 6 7 5 1 3 5 6

をそれぞれ3ビットの2進数に変換して、

001　010　110　111　101　001　011　101　110

つまり　001010110111101001011101110
となります。

情報の圧縮

問1 空欄 [ア]、[イ] に当てはまる言葉をそれぞれ答えなさい。

　一定の手順に従ってデータ量を減らす技術を圧縮といいます。データの一部を捨ててしまう圧縮手法である [ア] は、完全に元の状態には戻せません。例として【A】があります。それに対して、圧縮する前の状態に完全に戻すことができる手法である [イ] があります。これは特に大きなファイルを送信する際に有用です。例として**B** ZIP 形式や GIF 形式の圧縮があります。

問2 問1の【A】に適する圧縮形式を次から2つ選びなさい。

　　JPEG　　　　　　PNG　　　　　　MP3　　　　　　TIFF

問3 問1の下線部**B**について、正しく説明しているものは次のうちどれか。
　　⓪ ファイルを圧縮せずにそのままのサイズで保存するための形式である。
　　① 複数のファイルやフォルダを一つにまとめることができない。
　　② ファイルやフォルダを圧縮し、軽量化するための形式である。
　　③ 音楽ファイル専用の圧縮形式である。

解答　**問1** ア 非可逆圧縮　イ 可逆圧縮　　**問2** JPEG、MP3　　**問3** ②

☑ 解説

問1 データ圧縮とは、情報量を極力減らし、データサイズを縮小する技術です。データ圧縮には「非可逆圧縮」と「可逆圧縮」という2つの手法があります。

問2 「JPEG」（Joint Photographic Experts Group）は、主に写真などの画像データを圧縮するためのフォーマットです。人間の視覚が認識しきれない情報を削除するため、非可逆圧縮です。

　「PNG」（Portable Network Graphics）はビットマップ画像を可逆圧縮で保存するための形式で、画像の各ピクセルに透明度の情報を追加することができ、これにより画像の一部を透明にしたり、半透明にしたりすることが可能になります。

　「MP3」（Moving Picture Experts Group Audio Layer-3）は、音声データを圧縮するためのフォーマットで、人間の聴覚が認識しきれない音を削除する非可逆圧縮です。

　「TIFF」（Tagged Image File Format）は可逆圧縮も非可逆圧縮も対応する画像ファイル形式で、高品質な画像を扱うために広く使用されます。しかし、ファイルサイズが大きくなる傾向があるため、ウェブ上での使用は少ないです。

問3 「ZIP」は可逆圧縮の一種で、一つまたは複数のファイルやフォルダを圧縮し、軽量化するための形式です。これにより、データの保存スペースを節約したり、インターネットを通じて効率的にデータを送受信したりすることが可能になります。

情報の権利とデジタル音源

問1 次の文章の下線部Ⓐについて、正しく説明しているものは次のうちどれか。

Ⓐ 忘れられる権利は、主にインターネット上の情報に対して適用され、情報が過去のもので現在とは関係がない場合や、不適切な情報である場合などに有効です。しかし、この権利の行使は、情報の所有者となる企業や団体の協力が必要です。

⓪ 個人の過去の情報をインターネットから削除させる権利である。

① 個人の過去の記録を改ざんする権利である。

② 個人がインターネットの情報を自由にコントロールできる権利である。

③ 個人が自分の情報をインターネット上に無制限に掲載できる権利である。

問2 空欄 [ア]、[イ] に当てはまる言葉をそれぞれ答えなさい。

Ⓑ ハイレゾ音源は [ア] と呼ばれ、CDよりもはるかに高い解像度と周波数特性をもちます。その結果、実際の楽器や声の音声である [イ] に近い音質を再現でき、音楽の細部をより鮮明にとらえることが可能になります。

問3 問2の下線部Ⓑについて、正しく説明しているものは次のうちどれか。

⓪ 音質が非常に良いデジタル音源のことである。

① もともと低音質だったものが高品質に変換された音源である。

② デジタル音源を圧縮して保存した音源である。

③ 高周波のノイズを抑制した音源である。

解答 **問1** ⓪ **問2** ア 高解像度音源　イ 原音　**問3** ⓪

☑ **解説**

問1 「忘れられる権利」は、個人が自己に関する情報を削除させることができる権利で、主にインターネット上の情報に対して適用されます。

> 「忘れられる権利」は「要配慮個人情報」と関連づけられるようにしよう！　たとえば、前科歴や病歴がいつまでもネット上に残っていると、差別を招き、人権を侵害するかもしれないよね。

問2,3 「ハイレゾ」は、「高解像度音源」を指す言葉であり、CDなどの従来のデジタル音源よりもはるかに高い解像度と周波数特性を持つため、原音に近い音質を再現することが可能です。ただし、再生するためには専用のハードウェアやソフトウェアが必要で、かつ消費電力も大きいです。また、データサイズも通常より大きくなります。

ランレングス法

「かたたたき」を「かた3き」と表すように、同じ要素が続く数を圧縮する方法をランレングス法という。図1のような8×8のマス目の画像にカタカナの文字が描かれている。この文字を黒く塗られていないマスを「0」、塗られているマスを「1」としてデジタル化することを考える。以下の問いに答えなさい。

図1

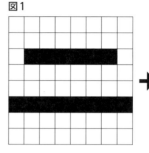

問1 このときの画像1枚の情報量として適切なものを選べ。

⓪ 2バイト　① 8バイト　② 16バイト　③ 64バイト

問2 n行m列目のマスを (n, m) と表すとする。たとえば、最も左上のマスから1つ右のマスは (1, 2) と表す。以下はあるカタカナをデジタル化したときに「1」と表示されるマスを表している。**何のカタカナを表しているか適切なものを選べ。**

(2, 2), (2, 3), (2, 4), (2, 5), (2, 6), (2, 7), (3, 4), (4, 1), (4, 2), (4, 3), (4, 4), (4, 5), (4, 6), (4, 7),
(4, 8), (5, 4), (6, 4), (7, 4), (7, 5), (7, 6), (7, 7)

⓪ モ　① キ　② テ　③ エ

問3 以下のルールに従って画像データを圧縮することを考える。

（Ⅰ）ある行について、1番左のマスが白色（塗られていない）なら「0」、黒色（塗られている）なら「1」と書く。

（Ⅱ）その色がn回続くならばn-1を3ビットで表して書く。

（Ⅲ）その後に来る色がn回続くならばn-1を3ビットで表して書く。

（Ⅳ）（Ⅲ）を繰り返し、その行が終わったら改行して（Ⅰ）からやり直す。

たとえば黒黒黒白白黒黒白という行を表現する場合は以下の通りとなる。

1 010 001 001 000

このルールに従い、図2の「コ」と描かれた画像を圧縮した時の圧縮率として適当なものは次のうちどれか。

⓪ 49%　① 59%　② 69%　③ 79%

図2

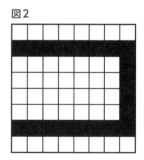

解答　**問1** ①　**問2** ⓪　**問3** ②

問1 この画像のビット数は 8 × 8 ＝ 64 ビット ＝ 8 バイトです。

> ランレングスは「run-length」と書くんだ！
> 連続する・続く(run)同じ色を、長さ(length)の情報に置き換えているんだね。
> 「色×回数」に置き換えることで、可逆的に圧縮しているんだ。
> 「モノクロ」の画像と相性が良いことも、頭の中で関連づけておこう！

問2 書いて塗りつぶすと浮かび上がります。

	×	×	×	×	×	×	
					×		
×	×	×	×	×	×	×	×
				×			
				×			
			×	×	×	×	

問3 「コ」と描かれた画像をルールに従って圧縮すると、

0 111
1 111
0 110 000
0 110 000
0 110 000
0 110 000
1 111
0 111

となり、44 ビットの情報に圧縮されます。元の情報が 64 ビットなので、

44 ÷ 64 × 100 ＝ 69(%)

が圧縮率となります。

圧縮率 ＝（圧縮後のデータ量）÷（圧縮前のデータ量）× 100

> 圧縮率の値が小さいことは、
> 圧縮の効率がよいことを意味するよ！

 圧縮率が小さい ＝ 圧縮後のデータ量が小さい ＝ 圧縮の効率が良い

ハフマン法I

問1 空欄 [ア]、[イ] に当てはまる言葉をそれぞれ答えなさい。

　データを効率的に送信や保存するためには符号化が必要です。たとえば、テキストファイルの場合、文字や記号を 7 ビットの 2 進数で表現する ASCII コードが有名です。大文字の "A" は 1000001、小文字の "a" は 1100001 のように、必ず 7 桁で表現されます。このような等しい長さの符号で表現する方法を [ア] といいます。しかし、英文を 0 と 1 に符号化する際に、すべての文字を同じ長さのバイト数で表すと、あまり使われない文字に多くのスペースを割くことになるため、効率的ではありません。こうした問題を解決するために考えられたのが [イ] です。頻繁に出現する文字は短い符号、あまり出現しない文字は長い符号で表します。文字の出現頻度に応じて符号の長さを変える方法は 1952 年に考案された❹ ハフマン法が有名です。

問2 問1の下線部❹について、以下の問題に答えなさい。

(1) 出現頻度の異なる A、B、C、D、E の 5 文字で構成される通信データを、ハフマン符号化を使って圧縮するために、符号表を作成した。X に入る符号として、適切なものはどれか。

ア　001　　イ　010　　ウ　101　　エ　110

文字	出現頻度(%)	符号
A	26	00
B	25	01
C	24	10
D	13	X
E	12	111

（出典：平成 30 年度 秋期 基本情報技術者試験 午前 問4）

(2) a、b、c、d の 4 文字からなるメッセージを符号化してビット列にする方法として表のア～エの 4 通りを考えた。この表は a、b、c、d の各 1 文字を符号化するときのビット列を表している。メッセージ中の a、b、c、d の出現頻度は、それぞれ、

	a	b	c	d
ア	0	1	00	11
イ	0	01	10	11
ウ	0	10	110	111
エ	00	01	10	11

50%、30%、10%、10% であることが分かっている。符号化されたビット列から元のメッセージが一意に復号可能であって、ビット列の長さが最も短くなるものはどれか。

（出典：令和 2 年度 秋期 応用情報技術者試験 午前 問4）

解答　**問1** ア 固定長符号　イ 可変長符号　**問2** (1) エ　(2) ウ

☑ **解説**

問1 「固定長符号」は復号が容易で、「可変長符号」は固定長符号と比べて復号が難しいという性質がある。

問2 (1) 「ハフマン法」とは、高頻度に使われる文字を短いコードに変換し、低頻度にしか使われない文字を長いコードに変換する方法です。ただし、コードは複数の文字で重複しないように注意しなければなりません。たとえば、表を見てみると、「00」、「01」、「10」、「111」はすでに使われているので、Dにはこれら以外のコードを割り当てる必要があります。

「A」のコードは「00」で始まるので、選択肢アの「001」と重なるので不適切です。

同様に、「B」のコードは「01」で始まるので、選択肢イの「010」と重なるので不適切です。また、「C」のコードは「10」で始まるので、選択肢ウの「101」と重なるので不適切です。「D」のコードを「11」だと仮定すると、「E」のコードである「111」を認識する前にDが認識されることになってしまうため不適切です。「D」のコードを「110」だと仮定すると、「A」、「B」、「C」、「E」のどれとも重ならないので、これが正解です。

(2) メッセージを圧縮するための方法を考えるとき、まずはその方法が元のメッセージをちゃんと戻せる（復号可能）かどうかを確認します。それができる方法だけを残して、それぞれのビット数を比較します。

選択肢アの場合、たとえば、ビット列に「11」が含まれていると、これが「bb（11）」なのか「d（11）」なのか分からなくなってしまいます。同じように、選択肢イの場合、「00110」というビット列があると、「abc（00110）」なのか「aada（00110）」なのか分からなくなってしまいます。このような場合は元のメッセージに戻せないので、この方法は採用できません。

一方、選択肢ウ、エは、このようなことは起こらず、復号可能な方法です。

復号可能な方法の中から、各文字の出現頻度を考慮してビット数を計算すると、それぞれ以下のようになります：

ウ：(1ビット×0.5の出現率) + (2ビット×0.3の出現率)

　　　　　　　　 + (3ビット×0.1の出現率) + (3ビット×0.1の出現率)

　＝0.5ビット＋0.6ビット＋0.3ビット＋0.3ビット

　＝1.7ビット

エ：(2ビット×0.5の出現率) + (2ビット×0.3の出現率)

　　　　　　　　 + (2ビット×0.1の出現率) + (2ビット×0.1の出現率)

　＝1ビット＋0.6ビット＋0.2ビット＋0.2ビット

　＝2ビット

つまり、最も短いビット列は選択肢ウです。

「ハフマン符号」はアルゴリズム考案者のデビッド・ハフマンさんにより考案されたよ。符号化対象の発生頻度を整理して、あらかじめ符号表を作成してから、もう一度データを読み込んで圧縮する特徴があるね。ハフマン法は英語の文に有効だよ。一部の文字（eやtやa）の使用頻度が高いから、全体のデータサイズを削減できることが多いよ。

ハフマン法 II

出現頻度が高いデータを短いビット列に、出現頻度の低いデータを長いビット列に符号化して圧縮する方法をハフマン符号化と呼ぶ。次のテキストデータをハフマン法を用いて圧縮する。

ABAACBDBAD

以下の問題に答えなさい。ただし、圧縮前のデータ量を計算する際は、アルファベット1文字を 3bit とする。

問1 圧縮前のデータ ABAACBDBAD のデータ量を求めなさい。

問2 テキストデータの出現回数をもとに、木構造 (ハフマン木) で表しなさい。

問3 圧縮前と圧縮後のデータ量の差を求めなさい。

問4 圧縮率は何 % か求めよ。ただし小数第二位を四捨五入しなさい。

解答　**問1** 30bit　**問2** 右図　**問3** 11ビット　**問4** 63.3%

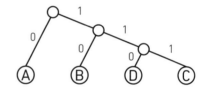

☑ 解説

問1 1文字あたり3bit で表現されているので、10文字なら30bit のデータ量になる。

> 1文字のアルファベットを3bitで表現しているということは、000は A、001はB、010はC、011はD、・・・みたいに対応させて、8種類までアルファベットを区別できる状態なんだね。
> でも、頻繁に出現するAみたいな文字は「000」よりも「0」みたいに短く表現できた方がデータ量を圧縮できるよね。これがハフマン法の考え方なんだ。

問2 【手順1】データを出現頻度の高い順に並べる

「ABAACBDBAD」では、A が4回、B が3回、D が2回、C が1回出現しているので、出現頻度の高い順に A、B、D、C と並べます。

40%　30%　20%　10%
Ⓐ　Ⓑ　Ⓓ　Ⓒ

【手順2】出現頻度の最も低い2つをまとめる

出現頻度が最も低い D と C をまとめます。

【手順3】手順2を繰り返して木構造を作る

出現頻度が次に低い B と CD をまとめて、最後に A と BCD をまとめて、全体の木構造が完成します。

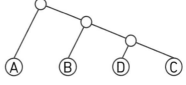

【手順4】木構造に0と1を割り振る

作った木構造に0と1を割り振ります。左に進むときは0、右に進むときは1とします。

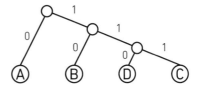

【手順5】木構造から符号表を作る

ハフマン符号化は、高頻度で出現するデータを「0」や「10」のような短い符号に符号化して、効率的に圧縮するための方法です。

木構造を上から順にたどり（右図）、各文字がどのような符号に対応するかを表にまとめます。以下の表が符号表です。

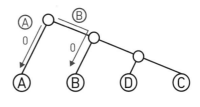

A	B	D	C
0	10	110	111

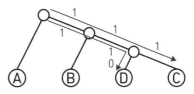

最後に、この符号表を使って圧縮前のデータを符号化します。このとき、各文字を表すビット数とその出現確率をかけたものをすべて足し合わせると、平均ビット数を求めることができます。これがハフマン符号化の全体の流れです。

問3 問1の通り、圧縮前のデータはアルファベット1文字を3ビットで表現していたので、圧縮前のデータ量は　10文字 × 3ビット / 文字 = 30ビット

です。ハフマン符号化では、出現回数が多い文字ほど短いビット列を割り当てます。今回の場合、A は1ビット、B は2ビット、C と D は3ビットで表現できます。したがって、圧縮後のデータ量は

4×1ビット + 3×2ビット + 2×3ビット + 1×3ビット = 19ビット

です。圧縮前と圧縮後のデータ量の差は、

元のデータ量 - 圧縮後のデータ量 = 30ビット - 19ビット = 11ビット

です。

問4 圧縮率は

$$\frac{\text{圧縮後のデータ量}}{\text{圧縮前のデータ量}} = \frac{19\text{ビット}}{30\text{ビット}} = 0.633\cdots$$

つまり63.3%です。

意味の伝達とデザインの敗北

問1 空欄 [ア] から [エ] に当てはまる言葉をそれぞれ答えなさい。

物体の形状や色彩は、私たちの感情や行動に深く影響を与える強力なコミュニケーションツールです。色相環は色相・明度・[ア] の3つの要素から成り、互いに反対側に位置する色である [イ] のような位置関係により色を捉えることができます。

さらに、心理学者のジェームズ・J・ギブソンによって提唱され、デザインの分野で広く用いられる概念である [ウ] は、物体が"どう使われるべきかを人に示唆"します。たとえば、ドアノブの形状は「回す」行為を示唆し、椅子の形状は「座る」行為を示唆します。

一方、[エ] は、記号学における概念で、特定の"意味を伝達"するための具体的な形状、色、テクスチャ、音などを含むこともあります。たとえば、赤い逆三角形の標識は「停止」を示す [エ] であり、それによってドライバーに停止する行動を促します。

上記をふまえると、ゴミ箱のアイコンは「削除」を示す [エ] となり、同時に、ゴミ箱のアイコンは「削除する」という行為を可能にする、つまり「削除させる」という [ウ] を持つといえます。これらの概念を正しく活用できない場合は❹デザインの敗北を招きます。

問2 問1の下線部❹について、デザインの敗北の具体例を一つあげなさい。

解答

問1 ア 彩度　イ 補色　ウ アフォーダンス　エ シグニファイア

問2 (例) 使い方が伝わらないドアのデザイン、複雑すぎるリモコン、など

☑ **解説**

問1 「色相環」は色を理解するツールとして使用され、その中の3つの要素、つまり色相、明度、彩度が含まれます。色相環上で反対側に位置する色を「補色」といいます。たとえば、青とオレンジ、赤と緑です。補色をうまく活用すると色が引き立ち、効果的なデザインが生まれます。

「アフォーダンス」とは、物体がどのように使用されるべきか人々に示唆する特性のことです。たとえば公園にあるベンチは、座ることを示唆しています。

「シグニファイア」は、特定の意味やメッセージを伝えるための特徴的な形状、色、模様、音などを意味します。シグニファイアは私たちに何かを示唆したり教えたりするためのもので、赤い逆三角形の指示が「停止」を示すのは、その一例です。

問2 「デザインの敗北」はユーザの混乱や誤操作、ストレスを引き起こし、製品やサービスの使用体験を悪化させます。たとえオシャレでも、機能性に欠けるデザインは思わぬ事故を引き起こします。たとえば1970年代に製造された一部の車は燃料タンクを車両の後部に配置したことで、追突事故による燃料タンクの爆発事故がおきました。

識別情報の表現方法

問1 空欄 [ア] から [エ] に当てはまる言葉をそれぞれ答えなさい。

Ⓐ バーコードとⒷ QR コードは、物品の識別情報を表現する方法として広く利用されています。QR コードはバーコードの一種です。コスト面から見ると縞模様のバーコードの方が経済的であることが多いです。

バーコードのような縞模様で構成されたコードを [ア] といい、QR コードのような四角い形をしたコードを [イ] といいます。

QR コードの優れた点は右上、左上、左下にある [ウ] というマークを含めたことです。このマークにより向きも含めて高速な読み取りが可能になっています。また、右下にある [エ] というマークも重要な役割を持ちます。このマークによって歪みにより生じる位置ずれを補正します。

問2 問1の下線部Ⓐについて、正しく説明しているものは次のうちどれか。
⓪ 二次元的なパターンを用いて情報を表現する。
① 情報を直線パターンで表現する。
② QR コードと比較して情報量が多い。
③ 情報の更新が容易に行える。

問3 問1の下線部Ⓑについて、正しく説明しているものは次のうちどれか。
⓪ 直線パターンのみで情報を表現する。
① URL や画像などの情報も含むことができる。
② 情報量がバーコードと比較して少ない。
③ 一度読み取られると情報の更新ができない。

解答
問1 ア 一次元コード　イ 二次元コード　ウ ファインダパターン（切り出しシンボル）エ アライメントパターン　**問2** ①　**問3** ①

☑ **解説**

「QR コード」はデータの複雑さが増すため、読み取りの精度が要求されます。これは、QR コードが二次元的な情報を表現する方法によって「バーコード」と比べてより多くの種類の情報（たとえば URL や画像）を含むことが可能であるためです。

一方、「バーコード」は情報の容量が限られているため、読み取り装置の設計が比較的簡単であり、コスト面から見るとバーコードの方が経済的であることが多いです。バーコードは情報を直線パターンで表現します。これは、バーコードが一次元的な情報を表現する方法であることを示しています。

メディアの歴史

鉄板 **036** 重要度②

空欄 [ア] から [テ] に当てはまる言葉をそれぞれ答えなさい。

〈メディアとコミュニケーション〉

　人と人とが意思や思考などを伝え合うことを [ア] といいます。また、情報の送信者と受信者の間を媒介するものを [イ] といいます。[イ] の一つとして、1793 年、フランス人のクロード・シャップが発明した、可動式の腕木の向きを変えることでメッセージをつくる通信方式の [ウ] などがあります。

〈コミュニケーション手段の発達〉

　記録メディアは次の順に発達しました。

1　身振り、手振り、音声
2　[エ] の発明：情報を残すことができます。直接会話ができなくても伝えることができます。
3　[オ] の発明：風化しづらく、扱いやすいです。
4　[カ] の発達：多くの人に対して同じ情報を伝達できます。
5　[キ] 技術の発明：画像を記録することができます。

　通信技術は次の順に発達しました。

1　[ク]：煙などを用いて遠い場所への伝達ができます。
2　[ウ]：短い時間で遠方へ伝達することができます。
3　[ケ]：遠い場所でも瞬時に伝達ができます。ファックスを用いると画像も送ることができます。
4　[コ]：固定の場所ではなく、移動中でも情報伝達することができます。

　より多くの人への情報伝達の発達は以下の順の通りです。

1　[サ]：音声により瞬時に多くの人に情報を伝達することができます。
2　[シ]：音声や映像により瞬時に多くの人に情報を伝達することができます。
3　[ス]：個人が世界中の人々に情報を発信できます。
4　[セ]：今までの一方向の通信ではなく、双方向の通信ができます。

〈メディアを利用する際に生じる課題〉

　メディアはとても便利ですが、利用する上での課題も多いです。次のことが原因で様々な課題が生じます。

・伝達手段として利用するメディアが持つ特性を理解できていないこと。
・お互いが所属している社会や文化の違いを理解できていないこと。
・情報を読み取る技術が発達していないこと。

　さまざまなメディアの特性についての理解をもとに、受信者として情報を正しく受け取り、送信者として正確に情報を発信する能力を [ソ] といいます。

〈コミュニケーションの形態〉

　コミュニケーションの形態は、コミュニケーションをとる人数や、情報の発信者と受信者が時間を共有するか否かなどのちがいによって分類できます。コミュニケーションをとる人数による分類としては、1人と1人でコミュニケーションをとる［　タ　］や、テレビやラジオのように一つの発信者が多くの受信者に情報を伝える［　チ　］や、複数人が複数人に情報を伝え合う双方向な会議型コミュニケーションがあります。また、情報の発信者と受信者がお互いに同じ時間を共有するコミュニケーションを［　ツ　］コミュニケーション、発信者と受信者が同じ時間を共有する必要がないコミュニケーションを［　テ　］コミュニケーションといいます。

解答

ア コミュニケーション　イ メディア　ウ 腕木通信　エ 文字　オ 紙　カ 印刷
キ 写真　ク のろし　ケ 電信・電話　コ 携帯電話・スマートフォン　サ ラジオ
シ テレビ　ス インターネット　セ SNS　ソ メディアリテラシー
タ 個別コミュニケーション　チ マスコミュニケーション　ツ 同期　テ 非同期

☑ **解説**

以下の表は、さまざまな情報の発信方法とそれらの特性を比較しています。歴史と併せて整理しておきましょう。具体的な特性には以下のようなものがあります。

速　報　性　：情報がどれだけ速く伝わるか。
同　報　性　：多くの人々に同時に情報が伝わるか。
蓄　積　性　：情報が保存されて、後から参照できるか。
検　索　性　：情報を簡単に検索して見つけられるか。
双　方　向　性　：受け手が発信者にフィードバックや返信をすることができるか。
同期／非同期：情報の交換がリアルタイム（同期）か、時間差（非同期）で行われるか。
発　信　範　囲　：情報がどれくらいの地域や人々に届くか。
発　信　者　：情報を発信する主体。

情報の発信方法	速報性	同報性	蓄積性	検索性	双方向性	同期／非同期	発信範囲	発信者
テレビ・ラジオ	◎	◎	△	×	○	同期	通常は国内	放送局
新聞	△	◎	◎	△	×	非同期	通常は国内	新聞社
雑誌・書籍	×	◎	◎	△	×	非同期		出版社
ポスター	○	○	○	△	×	非同期	見える範囲	
郵便の手紙	△	×	○	△	○	非同期		
電話	◎	×	×	×	◎	同期	全世界	個人 団体
ファックス	◎	△	○	△	○	非同期		
電子メール	◎	○	○	○	◎	非同期		
ウェブページ	◎	◎	○	◎	○	非同期		
SNS	◎	◎	○	○	○	非同期		

◎：特に優れている　○：優れている　△：できる　×：難しい

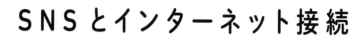

SNSとインターネット接続

問1 空欄 [ア]、[イ] に当てはまる言葉をそれぞれ答えなさい。

インターネットは人々の生活に深く浸透し、情報の取得、共有、交換の場を提供しています。これらの場の中でも特に⒜SNS（ソーシャルネットワーキングサービス）は、我々のコミュニケーションの方法を大きく変えました。これらのプラットフォームは、知識を蓄積し、何らかの価値ある情報に体系づけした [ア] という概念を体現しています。それは、大勢の人々が自分の知識と経験を共有し、新しい知識を創出することです。また、これらのプラットフォームを効率的に利用することにも使われているインターネット接続サービスとして [イ] 接続があります。それは、大容量のデータを高速に送受信することができる通信環境を指し、多くの人々がデジタルで表された情報を共有することを可能にしました。

問2 問1の下線部⒜について、正しく説明しているものは次のうちどれか。

⓪ 一定の範囲内でデータを高速に送受信する通信環境。

① 大勢の人々が自分の知識と経験を共有し、新しい知識を創出する概念。

② ユーザが自分自身を表現し、他のユーザと接続できるプラットフォーム。

③ 140文字以内のメッセージを投稿し、フォローすることで情報を共有するサービス。

解答　**問1** ア 集合知　イ ブロードバンド　**問2** ②

☑ **解説**

問1 この問題で取り上げられたテーマは、インターネットとソーシャルネットワーキングサービス（SNS）がどのように私たちのコミュニケーションや情報共有に影響を与えているかです。「集合知（Collective Intelligence）」は「みんなで協力して知識や情報を集める」ことを指します。たとえば、ウィキペディアは多くの人々が知識を寄せ集めて成長しているサイトです。各人が持っている小さな情報や知識が集まることで、新しい大きな知識が生まれるのです。「ブロードバンド」は、インターネットに高速で接続するための一つの方法です。たとえば、動画などの大きなファイルを高速にダウンロードできたりします。この高速な接続があるからこそ、たくさんの人が同時にインターネットで情報を共有できるのです。

問2 「SNS」は「Social networking service」の略です。これは、インターネット上で人々が互いに繋がりを持ち、情報や写真、動画などを共有できるオンラインのプラットフォームのことを指します。たとえば、友達との日常の出来事を写真で共有したり、自分の考えや気持ちを文章で書いたりする場所として、多くの人々が利用しています。SNSは、リアルタイムで情報を発信・共有できるため、遠く離れた友人や家族とのつながりを保つ手段としても重宝されています。

038

デジタル社会で広まったコンテンツ

問1 空欄 [ア] に当てはまる言葉を答えなさい。

ユーザの手によって制作・生成されたコンテンツの総称を [ア] といいます。例として **Ⓐ** ウィキペディアや動画投稿サイトがあります。過去に動画投稿サイトで話題となった **Ⓑ** 歌声合成ソフトウェアという技術が生み出した初音ミクも有名です。

問2 問1の下線部**Ⓐ**について、正しく説明しているものは次のうちどれか。

⓪ 著名人の情報を主に集めたデータベースである。

① すべての情報が専門家の認可を受けた信頼性の高い情報源である。

② ユーザが自由に情報を追加や編集できるオンライン百科事典である。

③ 主にニュース記事を集めたウェブサイトである。

問3 問1の下線部**Ⓑ**について、集合知としての歌声合成ソフトウェアの長所について正しく説明しているものは次のうちどれか。

⓪ 特定の歌手に依存せず、多くの人々のデータを基に高品質な歌声を生成できる。

① ユーザの操作が必要ないため、専門的な知識が不要である。

② 既存の歌手と同様にリアルでのライブパフォーマンスで歌う活動を中心とする。

③ 各ユーザが自分だけのオリジナル楽曲を作成する際に著作権の問題に遭遇する可能性が高い。

解答 **問1** ア UGC **問2** ② **問3** ⓪

☑ **解説**

問1 「UGC（User Generated Content）」はユーザが生成したコンテンツの略で、ウィキペディアのようなサイトはその一例です。

問2 「ウィキペディア」は集合知の一種ですが、専門家によってすべての情報がチェックされているわけではないため、利用者は情報の正確性を自己判断する必要があります。

問3 「歌声合成ソフトウェア」は、テキストやメロディ情報を入力として、それを人間のような歌声で再現するソフトウェアです。初音ミクで有名な VOCALOID（ボーカロイド）はその一例です。このソフトウェアは、音楽制作だけでなく、広告、ゲーム、映画など多くのメディアで使用されています。基本的には、音声データベースから適切な音素（音声の基本単位）を選び出し、それを連結させることで歌を生成します。これにより、非常にリアルな歌声が生成できるものもあります。歌声合成ソフトウェアの進化には、集合知が大いに寄与しています。たとえば、多くのユーザが自分自身で歌を作成し、それをオンラインで共有することで、ソフトウェアの新しい用途や改良点を見つけることができます。さらに、コミュニティ内でのフィードバックや、ユーザが独自に開発した拡張機能も、ソフトウェアの機能向上に貢献しています。

インターネットの起源とインターネットの責任

問1 次の文章の下線部🅐について、正しく説明しているものは次のうちどれか。

インターネットの起源は 1960 年代に遡り、🅐 ARPANET と呼ばれるネットワークから始まりました。現在では、我々の生活に深く影響を及ぼすツールとなっており、インターネットを通じて情報を共有し、コミュニケーションをとることが可能です。

⓪ 匿名性を最重視したネットワークシステムである。

① 遠く離れた研究機関や政府機関が繋がる最初のワイドエリアネットワークである。

② 情報共有のためのツールとして開発され、その利用は特定の個人に制限されていた。

③ プロバイダ責任制限法の制定により公に利用可能となった。

問2 空欄 [ア]、[イ] に当てはまる言葉をそれぞれ答えなさい。

ネットワーク上では、個々の行動が処理内容等の記録である [ア] で保存されます。また、🅑 プロバイダ責任制限法により、情報流通において権利侵害が生じた場合に発信者情報の開示請求が可能になるなど、本人の発言や行動により本人が不利益を被らないように本人の身元を隠す [イ] が保障されているとはいえません。したがって、情報の正確性や個人のプライバシーを保つためには、各自がネットワーク上での行動に責任を持つことが求められます。

問3 問2の下線部🅑について、正しく説明しているものは次のうちどれか。

⓪ プロバイダがすべてのユーザ行動に対する法的責任を負うことを明記している。

① インターネットの自由な利用を保障する法律である。

② プロバイダがユーザの行動について一部の法的責任を免除される法律である。

③ すべてのユーザ情報をプロバイダが保持することを義務付ける法律である。

解答 **問1** ① **問2** ア ログ イ 匿名性 **問3** ②

☑ **解説**

問1 「ARPANET」は、匿名性を最重視したシステムではなく、またその利用は特定の個人に制限されていたわけでもありません。プロバイダ責任制限法が制定されたのは 2000 年代であり時系列が異なります。「プロバイダ責任制限法」は、インターネットサービスプロバイダ (ISP) 等がユーザによって投稿されたコンテンツに対して一定の責任を免除される法律で、インターネットがすでに公にアクセス可能になった後に制定されたものです。インターネットが公に利用可能になる過程には影響を与えていません。

問2 インターネットでは一見、匿名性が確保されているように見えますが、実際は「ログ」等で情報発信者の特定をすることは可能です。

問3 「プロバイダ責任制限法」は、すべてのユーザ行動に対する法的責任をプロバイダに負わせるものではなく、すべてのユーザ情報をプロバイダが保持することを義務付けるものでもありません。たとえば掲示板に誰かの誹謗中傷が書き込まれたとき、適切な対応をとれば、掲示板の運営者はその誹謗中傷の責任から免れることができます。

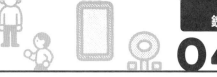

情報の信頼性

問 空欄 [ア] から [ウ] に当てはまる言葉をそれぞれ答えなさい。

　インターネット上の情報の信頼性については、様々な観点から考慮する必要があります。たとえば、フェイクニュースは、虚偽の情報が意図的に広められる現象であり、ユーザが誤った情報を信じてしまう危険性があります。また、スポンサーからの資金提供によって運営されるメディアは、消費者に広告と明記せずに非営利の好評価の口コミをしたりする [ア] という事象に注意を払う必要があります。これは、スポンサーの意図が報道内容に影響を及ぼす可能性があるからです。さらに、[イ] は、自分の意見に一致する情報だけが自分に届く現象で、意見の多様性を損ない、自己確証の偏見を強化する可能性があります。その一方で、ヘイトスピーチは、特定の集団を差別や排除の対象とする発言であり、その存在は社会全体の対話と理解を妨げます。

　インターネットでは特定のウェブサイトに同種の考え方をもつ人々が集まり、閉鎖的な環境で議論した結果、極端な世論が形成されやすくなることがあります。この現象を [ウ] といい、アラブの春という政治的活動や社会現象に繋がることもあります。インターネットでは情報の信頼性を常に考慮し広い視野を保つ必要があります。

解答 ア ステルスマーケティング　イ フィルターバブル　ウ サイバーカスケード

☑ 解説

　「ステルスマーケティング」は消費者に気づかれずに商品やサービスを宣伝したり、口コミなどを行ったりすることです。2023年10月に景品表示法の「不当表示」の対象に追加されたため、明示的に規制され処分の対象となりました。

　「フィルターバブル」は、インターネットの検索サイトが提供するアルゴリズムが各ユーザの見たくないような情報を遮断する機能によって、自分が見たい情報だけが見える現象をいいます。SNSや検索エンジンなどのアルゴリズムが個々のユーザの行動データに基づいて情報をフィルタリングする結果により生じます。

　「サイバーカスケード」は特定のウェブサイトに同種の考え方をもつ人々が集まり、閉鎖的な環境で議論した結果、極端な世論が形成されやすくなるとする仮説です。これらの現象はインターネット上での意見形成や集団行動に影響を与えます。2010年から2011年にかけて中東と北アフリカ地域で起きた一連の抗議運動と政変であるアラブの春の際には、メディアがエコーチェンバー効果（自分と同じ考えや意見を持った人々が集まる集団において、自分の考えや意見が正しいと思い込んだり、増幅したりする現象）を高め、特定の政治的な意見や抗議活動に火をつける役割を果たしました。

意見を発信するとき、極端な意見が注目を集めることもあるよね。
たとえば、ある学者さんが「選挙なんて意味ない!」って発言を繰り返していたら、どういうこと?ってつい注目してしまうよね。
このような危険度が高い(リスキーな)アイデアに注目や賛同が集まることを、「リスキーシフト」というよ。

情報の整理

問1 空欄 [ア] から [ウ] に当てはまる言葉をそれぞれ答えなさい。

情報科学では、情報を適切に伝えるための設計が求められます。これを [ア] と呼びます。大量の情報を整理し、利用者が理解しやすい形にするための方法として、[イ] や [ウ] などがあります。[イ] は、具体的な事象やデータから一般的な規則やパターンを抽出するプロセスを指します。一方、[ウ] は、情報を一定の規則やフレームワークに基づいて整理するプロセスを指します。これらの手法は、Ⓐ インフォグラフィックスやⒷ ピクトグラムの作成にも活用されます。

問2 問1の下線部Ⓐについて、正しく説明しているものは次のうちどれか。

⓪ シンボルやイメージを用いて情報を伝える図表やグラフィックの一種で、データや情報を視覚的に理解できるように整理したもの。

① 短いテキストやシンボルを用いて情報を視覚的に伝えるデザイン要素で、ユーザインタフェースの一部としてよく使用される。

② 音声や文字などの情報をコンピュータが理解できる形に変換するプロセス。

③ 大量のデータや情報を一元管理し、必要な情報を速やかに取り出せるシステム。

問3 問1の下線部Ⓑについて正しく説明しているものは次のうちどれか。

⓪ 一つの図形が特定の意味を持つこと、またはその図形。

① データを視覚的に表現することで、人々が情報をより容易に理解できるようにする手法。

② 具体的な事象を一般化し、本質的な特徴を抽出する過程。

③ データや情報を一定のルールに基づいて整理・配列する手法。

解答 **問1** ア情報デザイン　イ抽象化　ウ構造化　**問2** ⓪　**問3** ⓪

☑ 解説

問1 「情報デザイン」は、情報を視覚的に伝えるための**設計プロセス**であり、利用者が情報を簡単に理解できるようにするために重要な概念です。「抽象化」の例として、問3の「ピクトグラム」があります。また、「構造化」の例として、書店において書籍がジャンル毎に分けて並べられていることが挙げられます。

問2 身近な「インフォグラフィックス」として路線図があります。チャート、グラフ、テキスト、色分けなど、複数の要素を組み合わせて情報を表現します。一方で、ピクトグラムはシンプルで、直接的な行動の指示や警告、迅速な伝達を目的としています。

問3 身近な「ピクトグラム」として、非常口マーク（右図）があります。

情報の規格と情報の提示

問1 次の文章の下線部❹について、正しく説明しているものは次のうちどれか。

非政府組織である❹ ISO は、すべての国や組織が共通の規格を持つことの重要性を示しています。

⓪ インターネットの標準プロトコルを制定するための国際組織である。

① ソフトウェアやハードウェアの品質管理におけるベストプラクティスを定める役割がある。

② 個々のソフトウェア製品の機能性やパフォーマンスを評価するための国際的な基準を提供する。

③ 世界中の国々が同じ技術規格や品質基準を持つことを確保する国内の組織である。

問2 空欄 [ア]、[イ] に当てはまる言葉をそれぞれ答えなさい。

情報を利用者に効果的に提示するための重要な手段に [ア] があります。これはユーザ（利用者）と、製品・サービスをつなぐ接点を指します。その具体的な形態として、❹ コンピュータとユーザのやり取りをキーボード入力の文字（キャラクタ）で行う方式である [イ] などがあります。

問3 問2の下線部❹について、ウインドウアイコンが表示され、マウスを使って操作する種類は次のうちどれか。

⓪ GUI　　　① CUI　　　② VUI　　　③ NUI　　　④ CPU

解答　**問1** ③　**問2** ア ユーザインタフェース　イ CUI　**問3** ⓪

☑ **解説**

問1 「ISO」は**国際標準化機構**のことを指し、**すべての国や組織が共通の規格を持つことの重要性**を示しています。

問2 「ユーザインタフェース」は情報を利用者に効果的に提示するための手段です。

問3 ⓪「GUI」（Graphical User Interface）は、**画像やアイコンなどをマウスやタッチパネルで操作する**ことで、コンピュータとの対話を行う方式です。現代の多くの PC やスマホは GUI です。①「CUI」（Character User Interface）では、**ユーザはキーボードを使って特定のコマンド（命令）を入力**します。真っ黒な画面に文字だけを入力するような昔の PC に多くみられました。②「VUI」（Voice User Interface）は、音声を使ってコンピュータとの対話を行う方式を指します。③「NUI」（Natural User Interface）とは、**人間が自然に行う動作や行動（たとえば、手の動きや視線、音声など）を用いて、コンピュータやデバイスとの対話を行うインタフェース**です。

なお、④「CPU」（Central Processing Unit）は、⓪①②③とは違い、コンピュータの物理的な部品を意味します。**中央演算処理装置**の略です。

情報社会における新たな概念

問1 空欄 [ア] に当てはまる言葉を答えなさい。

　情報科学における⒜ ユーザビリティ、⒝ ユニバーサルデザイン、[ア] の3つの概念は、人々がシステムや製品を効果的に利用するために重要です。そして [ア] は、特定の製品やサービスが障害のある人々を含め、すべての人が使いやすいかを評価する指標です。これら3つの概念は、すべてのユーザが等しく情報にアクセスできる社会を実現するためには不可欠です。

問2 問1の下線部⒜について、正しく説明しているものは次のうちどれか。

　⓪ 製品がすべてのユーザにとって使いやすいかを評価する指標を指す。

　① 製品が特定のユーザにとってどれだけ効果的に、効率的に使用できるか、満足度はどれほどかを評価する指標を指す。

　② 製品が障害のある人々にとっても使いやすいかを評価する指標を指す。

　③ 製品の外観や雰囲気がどれだけユーザにとって魅力的であるかを評価する指標を指す。

問3 問1の下線部⒝について、正しく説明しているものは次のうちどれか。

　⓪ 地球環境に配慮した製品や環境を設計する原則を指す。

　① 製品やサービスが障害のある人々にとって使いやすいかを重視して設計する原則を指す。

　② すべての人が利用できる製品や環境を設計する原則を指す。

　③ 製品の外観や雰囲気がどれだけ魅力的であるかを重視して設計する原則を指す。

解答 **問1** ア アクセシビリティ　**問2** ①　**問3** ②

☑ **解説**

問1,2,3 「ユーザビリティ」、「ユニバーサルデザイン」、「アクセシビリティ」はすべてユーザが製品やサービスを利用する際に重要となる概念で、それぞれ異なる視点からアプローチを行います。
ユーザビリティは「文章が長い」、「どこがボタンか分かりにくい」といったそもそもの使いにくさ、分かりにくさを表す言葉です。
アクセシビリティはユーザがそもそもの情報にアクセスできないといった問題を解決するために生まれた概念です。たとえば、「動画に字幕がないので音声が聞こえないときは理解できない」や「画像に代替テキストがないので視覚情報以外では理解できない」といった問題です。
ユニバーサルデザインは「あらかじめすべての人にとって使いやすいものとしてデザインする」という考え方です。どんな人にも使いやすいという考え方は共通しています。
これらの違いをしっかり理解しましょう。

ユニバーサルデザイン

問1 空欄 [ア] に当てはまる言葉を答えなさい。

ユニバーサルデザインの要素としてよく知られている例として❶UDフォントや [ア] が有名です。図1のような [ア] は色覚障害の人でも情報を理解できるように配慮された色使いやデザインを指します。誰にでも正しく情報を伝えられるデザインであるという観点から、カラーユニバーサルデザインとも呼ばれます。

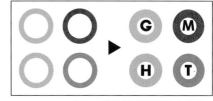

図1　東京メトロの路線アイコン
（左：変更前、右：変更後）

問2 問1の下線部❶について、正しく説明しているものは次のうちどれか。

　⓪ 音を視覚化することにより、聴覚障害者でも情報を得られるように設計されたフォント。

　① 誰にとっても読みやすいように工夫されたフォント。

　② 色覚障害者に特化したフォント。

　③ 身体障害者でも操作しやすいように設計されたフォント。

問3 問1の図1について、改善する前後を比較し、どのような点が改善されたか。**以下の単語をすべて使って、100文字程度で述べなさい。**

　使用する語句：「色覚障害者」「識別情報」

解答

問1 ア カラーバリアフリー　　**問2** ①

問3 例：改善前はそれぞれの路線アイコンを各テーマカラーで描かれた円のみで表現していたが、それらの色が色覚障害者には見分けにくいとして、その円の中に各路線に対応するアルファベットを入れることで、色以外の識別情報を付加した。

☑ **解説**

問1「ユニバーサルデザイン」の要素として、視覚障害者に配慮した「UDフォント」（図2）、手が不自由な人に配慮した「自動ドア」があります。

問2 UDフォントはユニバーサルデザインの一部で、視覚障害者でも読みやすいように工夫されています。

問3 改善前の図は色覚の異なる人にとって違いを認識しづらいです。一方で改善後は、太字の読みやすいアルファベットが加わったことで違いを認識しやすくなっています。

UDフォントと非UDフォントの違いの例

まぎらわしい線をなくし、シンプルで読みやすい形になっています。
図2 UDフォント

デザインプロセス

問1 空欄 [ア] に当てはまる言葉を答えなさい。

　デザインの基本的な考え方の一つに [ア] があります。これは、ユーザの視点を重視し、ユーザが抱える問題を理解しようとするアプローチです。たとえば、スマートフォンのアプリをデザインする際の初期段階では、❹ ペーパープロトタイプが用いられることがあります。

問2 問1の下線部❹について、正しく説明しているものは次のうちどれか。

　　　⓪ ユーザインタフェースの初期設計をスケッチで表現する手法。

　　　① デザインの最終段階で行われる試作品作りの手法。

　　　② 複数の機能を同時に制御するスイッチの一種。

　　　③ ユーザの視点を重視したデザインアプローチ。

問3 空欄 [ ] に当てはまる言葉を答えなさい。

　色の見え方や感じ方は人によって異なります。また、部屋の明るさや年齢によって色から得られる印象を感じにくくなることがあります。これらの影響を少なくするためにも、色に頼りすぎないデザインをすることが大切です。この工夫を [ ] といいます。

解答　**問1** ア 人間中心設計　**問2** ⓪　**問3** カラーユニバーサルデザイン

☑ **解説**

問1「人間中心設計」は、ものづくりにおいて人間にとっての安全性や快適性を重視する考え方のことです。

問2「ペーパープロトタイプ」は、ユーザインタフェースの初期設計をスケッチで表現する手法です。これにより、設計者は設計の早い段階でユーザの反応を観察し、そのフィードバックを利用して製品を改良することができます。

問3「カラーユニバーサルデザイン（CUD）」には推奨される配色セットが公開されています。具体例を暗記する必要はありませんが、存在意義を知っておきましょう。伝わりやすいデザインを実現するためには、文字の補足情報を加えたり、図形の形を変更したりといった工夫が必要です。

　たとえば多くの路線図では、色を用いて異なる路線を区別しますが、カラーユニバーサルデザインを取り入れた路線図では、色だけでなく、線の種類（点線、太線、破線など）も使って路線を区別することで、色覚の異なる人々にも分かりやすくします。

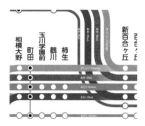

図 路線図の例

情報科学の色の表現と文字の表現

問1 空欄 [ア]、[イ] に当てはまる言葉をそれぞれ答えなさい。

　デジタルにおける色の表現として「🅐 光の3原色」を用いる方法が広く使われています。各色の光の強さを0から255の数値で表し、組み合わせることでさまざまな色を表現します。これを [ア] といいます。一方で、画材などで色を混ぜ合わせる際に用いる「色の3原色」はシアン、マゼンタ、イエローが基本となります。

　また、文字の表現の理解も必要です。文字の表現では [イ] に影響を受けることがあります。[イ] は特定の機種やソフトウェアでのみ正しく表示できる文字のことを指します。これらの文字は、違う機種やソフトウェアでは正しく表示されない可能性があります。このため、[イ] を用いて文字を表現する際は注意が必要です。

問2 問1の下線部🅐について、正しく説明しているものは次のうちどれか。

　⓪ 画材で色を混ぜ合わせる際の基本色。

　① 赤、青、黄色の3つの色。

　② 特定の機種やソフトウェアでのみ表示できる色。

　③ 人間の視覚が色を認識する際の基本色、赤、緑、青。

解答　**問1** ア 加法混色　イ 機種依存文字　**問2** ③

☑ **解説**

問1　「光の3原色」を基に色を認識するという人間の視覚の特性と、それを利用した色の作成方法「加法混色」を理解することが求められます。
「機種依存文字」は、電子的に扱う文字データのうち、処理系（ソフトウェアおよびハードウェア）によって違う文字に表示されたり、全く表示印刷できなかったりするものの総称です。

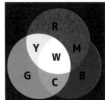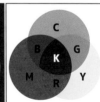

光の3原色　　　　　色の3原色
R:赤 G:緑 B:青 C:シアン M:マゼンタ Y:イエロー W:白 K:黒
図1 光の3原色と色の3原色

問2　光の3原色は「赤」「緑」「青」です。これらの色は、テレビやコンピュータのモニター、スマートフォンの画面など、光を使って色を作るときの基本となる色です。テレビの画面を拡大してみると、小さな赤・緑・青の光点がたくさん並んでいるのを見ることができます。たとえば、赤と緑の光を混ぜると、本来は黄色の波長をもつ光がなくても、黄色に見える光が生まれます。さまざまな種類の波長の光を混ぜ合わせることで、色は明るくなり、最終的には白色の光となります。
色の3原色「シアン」「マゼンタ」「イエロー」については、次テーマで詳しく扱います。区別できるようにしておきましょう。

色彩表現

問1 空欄 [ア]、[イ] に当てはまる言葉をそれぞれ答えなさい。

　色彩表現の一つである**Ⓐ フルカラー**は、**Ⓑ 減法混色または加法混色**を基に作成されています。画像のデータ形式には、[ア] と [イ] の２つが主に存在します。[ア] はピクセル単位で色情報を持つため、データ量が大きくなりがちですが、写真などの連続的な色変化を忠実に再現するのに適しています。一方、[イ] は数学的な形状情報をもとに画像を生成するため、データ量は少なく、拡大・縮小しても画質が劣化しません。

問2 問1の下線部Ⓐについて、正しく説明しているものは次のうちどれか。

　⓪ 写真などの連続的な色変化を忠実に再現する方式である。

　① 一部の色だけを用いて画像を表示する方式である。

　② すべての色を表現する能力を持つ色彩表現方式である。

　③ 特定の数学的形状に基づいて色を生成する方式である。

問3 問1の下線部Ⓑについて、正しく説明しているものは次のうちどれか。

　⓪ 色を混ぜることで新たな色を作り出す方式である。

　① 光を加えることで色を作り出す方式である。

　② すべての色を表現する能力を持つ色彩表現方式である。

　③ 特定の数学的形状に基づいて色を生成する方式である。

解答 **問1** ア ラスタ形式（ビットマップ形式）　イ ベクトル形式　**問2** ②　**問3** ⓪

☑ 解説

問1 「ラスタ形式」（またはビットマップ形式）の画像は、たくさんの小さな点（ピクセル）で構成されています。ズームして大きくすると、画像がぼやけたり、ジャギー（ギザギザ）が目立ったりすることがあります。
　「ベクトル形式」の画像は、線や形の情報（数式や命令）で構成されています。どれだけズームしても、画像がぼやけることなく鮮明に表示されます。

問2 「フルカラー」は、すべての色を表現する能力を持つ色彩表現方式です。これは、CMYK（シアン、マゼンタ、イエロー、キープレート（ブラック））という４つの色を基に、色の深度を調整することでさまざまな色彩を表現することが可能な方式です。

問3 「減法混色」は、いくつかの色の塗料やインクを混ぜることで新しい色を選ぶ方法です。「減法」という言葉通り、さまざまな波長の光が最大限に混ざった白色の状態から、特定の波長の光だけを反射する色を加えることで、光を減らして色を作っていくイメージです。基本の三色はシアン・マゼンタ・イエローです（「色の3原色」）。

鉄板
048
重要度 ②

システム設計のエラー処理

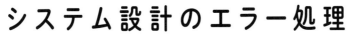

問1 空欄 [ア] に当てはまる言葉を答えなさい。

情報科学におけるシステム設計には、エラーの発生を前提とした考え方が重要です。それには❹フールプルーフと [ア] の2つのアプローチがあります。

フールプルーフの例として、正しい向きで挿入できるように設計された乾電池ボックスやPCのファイル削除時に表示される確認のメッセージなどがあります。[ア] の例としては、衝撃を受けたら止まる石油ストーブや、停電で電力が途絶えたら自重で遮断棒が下りる踏切などがあります。

また、[ア] ではなく、問題が発生した部分を分離してサービスを提供する範囲を狭めて動作を続ける❺フェイルソフトという考え方もあります。

問2 問1の下線部❹について、正しく説明しているものは次のうちどれか。

⓪ 故障などでシステムに障害が発生した際に、被害を最小限にとどめるようにシステムを安全な状態にする。

① システム障害は必ず発生するという思想の下、故障の影響を最低限に抑えるために、機器の多重化などの仕組みを作る。

② システムに故障が発生する確率を限りなくゼロに近づけていく。

③ 人間がシステムの操作を誤ってもシステムの安全性と信頼性を保持する。

(出典：平成21年度 秋期 ITパスポート試験 問67)

問3 問1の下線部❺の具体例は次のうちどれか。

⓪ 過熱すると完全にシャットダウンする車のエンジン。

① サーバが過負荷になるとクラッシュし、アクセスできなくなるウェブサイト。

② 保守のために1レーンが閉鎖されても、他のレーンを通じて交通が流れ続ける多車線の高速道路。

③ バッテリーが切れると完全に機能を停止するスマートフォン。

解答 **問1** ア フェイルセーフ **問2** ③ **問3** ②

☑ **解説**

問1,2 「フールプルーフ」とは、ユーザが間違った操作をしても、重大な事故につながらないようにシステムなどを設計することを指します。一方、「フェイルセーフ」は、システムが故障したときにその影響を最小限に留めるような設計がなされる概念です。これらの用語は、「システム設計」においてエラー発生を前提とした考え方を表現しています。

問3 ②一部のレーンが使用できなくなっても、他のレーンが利用可能であるため、システム全体としての機能（この場合は車の流れ）が維持されるという点で、フェイルソフトの一例です。

アラブの春とSNS

　約10年前、2010年から2011年にかけて、アラブの国々で大きな出来事が起こりました。これは「アラブの春」として知られています。アラブの春は、多くの人々が長い間続く独裁政権や経済的な不満に対して声を上げた結果起こりました。チュニジア、エジプト、リビアなどの国々で、特に若い世代が政治の変化を求めて街頭に出ました。

　この運動が起こった背景には、マスメディア、特にインターネットとSNSの普及が大きく関係しています。以前は新聞やテレビ、ラジオなどが情報の主な源でしたが、インターネットの普及により、人々は自由に情報を得ることができるようになりました。

　人々はFacebookやX（旧Twitter）を使って情報を共有し、政治的な不満を表現し、デモを組織しました。これまでのマスメディアにはなかった、迅速で広範囲にわたる情報共有が可能になったのです。

　アラブの春は、マスメディアの歴史における重要な転換点を示しています。これまでのメディアは、政府や特定の組織が情報をコントロールしていましたが、インターネットとSNSの登場により、一般の人々も情報の発信者となり得るようになりました。これにより、社会運動や政治的な変革が以前に比べて容易になり、より多くの人々の参加を促すことができるようになったのです。

　しかし、SNSのこのような使用は、フィルターバブルやエコーチェンバーの問題を引き起こす可能性があります。フィルターバブルとは、ユーザが自分の意見や興味に合致する情報のみを受け取る現象です。一方、エコーチェンバーは、同じような意見を持つ人々が集まり、他の視点を排除する閉じたコミュニケーションの空間を指します。

　アラブの春において、SNSを利用する人々はしばしば、自分たちの政治的見解に一致する情報や意見のみに囲まれ、異なる視点にさらされる機会が少なくなりました。これは、SNSのアルゴリズムがユーザの過去の行動を基に関連する情報を優先的に表示するために起こる現象です。

　このような情報の偏りは、理解の欠如や偏見の増大を引き起こす可能性があります。アラブの春におけるSNSの使用は、民衆を動かす強力なツールとなりましたが、同時に社会内の分断を深める要因ともなり得ました。

　これらの現象を理解し、批判的な視点を持って情報を扱うことの重要性を認識することは、情報社会における責任ある市民として必要なスキルと言えるでしょう。

第**3**章

コンピュータ
と
プログラミング

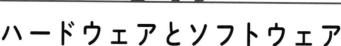
ハードウェアとソフトウェア

問1 空欄 [ア] から [ウ] に当てはまる言葉をそれぞれ答えなさい。

　コンピュータは主に「ハードウェア」と「ソフトウェア」から構成されます。ハードウェアは五大装置と呼ばれるコンピュータの物理的な部品のことを指し、具体的には、キーボードやマウスなどの [ア]、ディスプレイなどの [イ]、Ⓐ 主記憶装置とⒷ 補助記憶装置のような記憶装置、Ⓒ 演算装置とⒹ 制御装置が該当します。また、プリンターなどの [ウ] も重要です。ソフトウェアは、ハードウェアを制御・操作するためのプログラムを指します。両者は相互に影響を及ぼし、コンピュータの機能を実現します。

問2 問1の下線部Ⓐ、Ⓑ、Ⓒ、Ⓓについて、正しく説明しているものはそれぞれどれか。

　⓪ コンピュータの一部で、長期的なデータ保管を行う装置。

　① コンピュータの演算結果を出力する装置。

　② CPU が直接アクセスでき、プログラムの実行に使用される一時的なデータ保管場所。

　③ ユーザからの入力をコンピュータに伝える装置。

　④ CPU が実行するプログラム命令を順序よく処理し、メモリや入力装置に指示を出す。

　⑤ 算術演算や論理演算を用いてプログラムの処理を行う。

解答 　**問1** ア 入力装置　イ 出力装置　ウ 周辺装置　**問2** Ⓐ ②　Ⓑ ⓪　Ⓒ ⑤　Ⓓ ④

☑ **解説**

問1 コンピュータの五大装置を整理しましょう。「入力装置」は外部から情報を入力する装置、「出力装置」は外部に情報を出力する装置、「記憶装置」はデータやプログラムを記憶する装置、「演算装置」は演算を行う装置、「制御装置」はプログラムの命令を実行し、他の装置の制御を行う装置です。

問2 「主記憶装置」は、CPU が直接アクセスできるため、データの読み書きが非常に高速です。しかし、電源が切られるとその情報は失われる（「揮発性」がある）という特性があります。一方、「補助記憶装置」は、データを長期間保存するための装置で、ハードディスク、SSD、光ディスク（CD や DVD など）がこれに該当します。補助記憶装置は、主記憶装置と比較してアクセス速度は遅いですが、電源を切ってもデータが消えない（「非揮発性」がある）という特性を持っています。
　演算装置と制御装置は、コンピュータの CPU（中央演算処理装置）内にある2つの装置です。「演算装置」は、算術演算と論理演算を行う装置です。「制御装置」は、コンピュータ内の部品が正しく、効率的に動作するように指示を出す装置です。

> 算術演算は5+2みたいな計算で、論理演算はAND回路などを使った論理ゲート操作だよ！ 制御装置は命令の解釈・実行・流れの管理を行うんだ。何番目のデータを計算して、何番目のデータを書き換えてね、みたいな指示をするよ。

数値表現方式

問1 空欄 [ア]、[イ] に当てはまる言葉をそれぞれ答えなさい。

　コンピュータは情報を [ア] 形式で表現します。これは、すべてのデータを 0 と 1 の二つの値で表す方式です。この表現方法の中でも、特に負の数を表現するための方法である [イ] は重要な概念となります。これは、ある数を加算すると桁が 1 つ増えて最上位の桁以外がすべて 0 になる数のことです。

　また、負の数を表す別の方法として符号ビットを使うこともあります。さらに、小数点を含む数値を表現するために◬ 浮動小数点表現を用いることもあります。

問2 問1の下線部◬について、正しく説明しているものは次のうちどれか。

　　⓪ 大きな数値ではなく小さな数値を高い精度で表現するための数値表現方式。

　　① 実数を表現するための数値表現方式。

　　② データの並び順を表現するための数値表現方式。

　　③ 文字や記号を表現するための数値表現方式。

解答 **問1** ア バイナリ　イ 補数　**問2** ①

☑ **解説**

問1 「バイナリ形式」はコンピュータが情報を表現する基本的な形式で、すべてのデータを0と1の二つの値で表現します。

　また、「補数」は負の数を表現するための方法です。負の数を表す別の方法として「符号ビット」もあります。2進法における「111111」の補数は「000001」です。足し合わせると「1000000」となり、桁が1つ増えます。

問2 「浮動小数点表現」は、小数や負の数を含む実数を表現するための数値表現で、＋3141592000 のような大きい値だけでなく、－0.0003141592 のような小さい数値も高い精度で表現することが可能です。その理由は、$+3.14 \times 10^9$ や -3.14×10^{-4} のように「符号部」と「仮数部」と「指数部」の3つの部分から成り立っているためです。

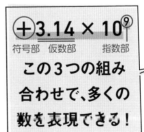

＋3.14×10⁹
符号部　仮数部　指数部
この3つの組み合わせで、多くの数を表現できる！

たとえば、10進法の0.000123という数値を浮動小数点表現で表すとき、仮数部を123にして、指数部は－6にすると $123 \times 10^{-6} = 123 \times 0.000001 = 0.000123$ となります。

　また、浮動小数点表現は、指数部の値を変えることで非常に大きな数値も表現可能です。宇宙の年齢も 1.38×10^{10} 年とコンパクトに記載することができます。

　このように、浮動小数点表現は指数部を用いることで広い範囲の数値を表現可能であり、仮数部を用いることでその数値の精度を保つことができます。そのため、大きな数値だけでなく、小さな数値も高い精度で表現することが可能となります。

浮動小数点表現

10進数の5.75 を符号部1ビット、指数部8ビット、仮数部23ビットで構成される IEEE754形式の32ビット2進数浮動小数点数で表し、符号部、指数部、仮数部をそれぞれ答えなさい。

解答 符号部：0　指数部：10000001　仮数部：01110000000000000000000

☑ **解説**

「浮動小数点数」は、マイナスの符号や小数点を含む数を、コンピュータ内部で1と0だけを使って表現する方法です。コンピュータは、電圧の高低を1と0に変換して情報を処理します。

32ビットで表現するので、0と1を32桁並べることになります。国際的に決められた IEEE754というルールでは、32桁を次のように「1桁・8桁・23桁」に区切って数字を表すことを決めています。

$$\underline{0}\ \underline{10000001}\ \underline{01110000000000000000000}$$

この「1桁・8桁・23桁」の部分はそれぞれ以下の名前で呼ばれています。

　　「1桁」の部分 ･･･ 符号部　　「8桁」の部分 ･･･ 指数部　　「23桁」の部分 ･･･ 仮数部

それでは、符号部・指数部・仮数部を決定する手順を確認していきましょう。

（ステップ1）符号部を決定する

正の数は0、負の数は1と表現します。5.75は正の数なので符号部は0になります。

（ステップ2）10進数の5.75を2進数に変換する

整数部分と小数部分をそれぞれ2進数にしましょう。

整数部分5は2進数で101です。

次に小数部分0.75を2進数に変換します。

① 小数の10進数を2進数に変換するには、変換したい10進数の小数部分を、次のように小数部分が0になるまで2倍します。2倍した結果が1を超えた場合は整数部を0にして2倍し続けます。理屈は数学で学びます。

　　（ア）0.75×2＝1.5 → 0.5に変換

　　（イ）0.5×2＝1.0

② それぞれの積の答えの整数部分を小数部分が0になった部分から遡って読むと2進数への変換ができます。今回は1.0の「1」と1.5の「1」なので、0.75は2進数に変換すると0.11になります。

5の2進数101と0.75の2進数0.11を合わせることで5.75の2進数101.11が求められます。

（ステップ3）正規化を行う

2進数表記を1.xxxxxx の形に整えます。2進数で表した小数点を左にシフトして、1.0111×2^nになるようにします。

この場合、2ビット左にシフトして1.0111×2^2にします。

（ステップ4）指数部を決定する

浮動小数点数では指数部の値を表現するために「バイアスを加える」という工夫をします。

"バイアスを加える"とは？

指数で"n乗"を表現するときに、たとえば −4乗を表現したいなら、コンピュータはマイナスの表現ができないので、工夫する必要があります。そこで、次のように対応関係を作ります。上の行にそれぞれ127を加えて下の行の数字にしています。

n乗のnの値	:	−4	−3	−2	−1	0	1	2	3	4
		↓	↓	↓	↓	↓	↓	↓	↓	↓
指数部に表現する値	:	123	124	125	126	127	128	129	130	131

（nの値がマイナスの場合も対応しやすいように127を加算して正の数に変換する）

浮動小数点数では、非常に大きい数だけでなく、非常に小さい数も扱う必要があります。小さい数を表すには負の指数が必要です（例：10^{-3}）。

しかし、コンピュータは負の数を扱うのが苦手です。そこで、すべての指数が正の数となるバイアス（この場合は127）を加えて、実際の指数が負であっても指数部の値が正の数になるようにします。

今回のバイアス127を加算すると2+127=129だから、129を2進数に変換して指数部に入れるんだね！

129を2進数に変換して　10000001　になります。

（ステップ5）仮数部を決定する

仮数部とは、ステップ3で正規化した1.0111×2^2のうち　.0111　の部分を表現します。

浮動小数点表現ではステップ3の手順の中で必ず1.xxxxxxの形に整えているため、一の位は必ず1が入ります。このため、1.0111の**一の位の1を省略して表現します**。この省略により、同じビット数でより広い範囲の数を表現できるようになります。その結果、仮数部は0111と表現されます。

仮数部は固定で23ビット必要というルールなので、全部で23ビットになるように右側に0を追加して　01110000000000000000000　にします。

したがって、10進数の5.75を32ビットの2進数浮動小数点数で表すと、符号部1ビット、指数部8ビット、仮数部23ビットを組み合わせて、0 10000001 01110000000000000000000に

なります。

$5.75_{(10)}$

$= + 101.11_{(2)}$

$= \oplus 1.0111 \times 2^{②}_{(2)}$

符号部　仮数部　　指数部

符号部は　＋　つまり　0

仮数部は　1.0111　一の位の1を省略して　0111

指数部は　2　バイアス127を足して2進数に変換
　　　　して　10000001

コンピュータの演算装置

問1 空欄 [ア] から [ウ] に当てはまる言葉をそれぞれ答えなさい。

コンピュータ内部では、中央演算処理装置である**Ⓐ** CPU と**Ⓑ** メモリが演算に関わります。

CPU 内に存在する小さな記憶領域である [ア] は、演算結果や演算に用いるデータを一時的に保存し、メモリと協力して、データや命令をやりとりして演算を実行します。

一方で、コンピュータが外部世界とやり取りを行うためには、様々な情報を電気的な信号に変換する [イ] が必要となります。たとえば、物体の傾きや回転を検出することが可能な [ウ] は、移動体の位置情報の精密な管理に用いられます。

問2 問1の下線部ⒶとⒷについて正しく説明しているものをそれぞれ選びなさい。

⓪ データの長期的な保管場所で、補助記憶装置ともいわれる。

① 物体の傾きや回転を検出するための装置。

② コンピュータの全体的な制御と計算を行う部分。

③ データの一時的な保管場所で、主記憶装置ともいわれる。

解答 **問1** ア レジスタ　イ センサ　ウ ジャイロセンサ　**問2** Ⓐ ②　Ⓑ ③

☑ **解説**

問1 「レジスタ」と「メモリ」は、ともにコンピュータがデータを一時的に保存するための場所であり、それぞれが異なる役割を果たします。レジスタの容量は非常に小さいため、限られた数のデータしか保存できませんが、データの読み出しの速さである「アクセス速度」は非常に高速です。メモリは、主記憶装置（RAM）を指すことが多く、レジスタよりも大きな容量を持っています。

> **読み出し速度の速さ**
> レジスタ ＞ 主記憶装置（メモリ） ＞ 補助記憶装置（HDDなど）

「センサ」には、熱や温度、音や光などを検知するものがあります。「ジャイロセンサ」の技術は、カメラの手振れ防止や人工衛星などに用いられています。

問2 「CPU」はメモリとやりとりをしながら演算を行います。

コンピュータの演算の流れを理解しましょう。

まずは、CPU（中央演算処理装置）とメモリの働きを整理します。簡単にいうと、CPU はコンピュータの「脳」で、メモリは「記憶」のようなものです。

具体的な演算の仕組みを次ページで扱います。

1. 命令の読み込み

まず最初に、CPU はメモリから次に実行する命令を読み込みます。

メモリはコンピュータの一時的な記憶場所ですが、CPU が直接アクセスするために必要なデータや命令は、CPU よりも速くアクセスできる「レジスタ」という小さな記憶領域に一時的に移されます。

このプロセスは、あなたが本を読む時、重要な部分をノートに書き写しておくようなものです。

2. 命令の判断

次に、CPU は読み込んだ命令を見て、何をする必要があるかを判断します。

たとえば、命令が「2つの数を足す」という演算を要求している場合、CPU はその計算に必要なデータ（この場合は2つの数）を、メモリかレジスタから取り出します。

3. 演算の実行

そして、CPU は取得したデータに対して指示された演算（足し算、引き算など）を行います。そして、その結果をレジスタに保存します。

これは、あなたが計算の答えをノートに書き留めるようなものです。

4. 結果の保存

最後に、もし必要があれば、演算の結果はメモリに戻されます。これは、コンピュータが後でまたその結果を使うかもしれないからです。

たとえば、ゲームをプレイしている時にスコアを保存するような場合です。

> コンピュータがタスクを実行する時は、CPU が「考えて」、メモリが「覚えている」ことが大切です。レジスタはその両者の間で「メモ」として機能し、全体のプロセスを効率よくします！

情報システムの装置

問1 空欄 [ア] から [ウ] に当てはまる言葉をそれぞれ答えなさい。

　私たちが生活する現代の情報社会では、さまざまなデバイスが連携して働いています。たとえば、スマホを使ってカーテンを自動で開閉することができたり、赤外線センサが人や物体の接近を検知することによってドアが開いたりします。

　このようなシステムを制御するスマホやパソコンの動作には、ハードウェアを制御しコンピュータシステムの基本的な機能を提供する [ア] と、特定のタスクを達成するためにユーザが利用する [イ] というソフトウェアが関わっています。

　IoT 社会である実世界では、センサや⒜ アクチュエータを用いて情報を活用することがあります。その際、プロセス全体を制御し効率的にするために、⒝ IC チップが用いられます。さらに、IC チップの一種で、数千から数百万個のトランジスタを一つのチップ上に統合した [ウ] も現代のコンピュータの構成要素であり、アクチュエータへの指示を含めた複雑な処理が可能です。

問2 問1の下線部⒜について正しく説明しているものは次のうちどれか。

　⓪ コンピュータのプロセッサで、計算とデータ管理を担当する。

　① コンピュータ内部の電子部品を連結する電気的通路。

　② 電子デバイスからの信号を物理的な動きに変換する装置。

　③ ハードディスクや SSD のようなデータ記憶装置。

問3 問1の下線部⒝について正しく説明しているものは次のうちどれか。

　⓪ コンピュータネットワークでデータ伝送を制御する装置。

　① コンピュータの電源を制御する部品。

　② 集積回路が形成されたシリコンチップで複数の電子コンポーネントが含まれる。

　③ コンピュータのプロセッサの一部で高速な計算を行う。

解答　**問1** ア 基本ソフトウェア（OS）　イ 応用ソフトウェア　ウ LSI　**問2** ②
問3 ②

☑ 解説

問1「基本ソフトウェア」は「OS」とも呼ばれ、Windows や macOS などが有名です。「応用ソフトウェア」は「アプリケーションソフトウェア」、略して「アプリ」と呼ばれることもあります。「LSI」は大規模集積回路のことを指します。

問2「アクチュエータ」が電子デバイスからの信号を物理的な行動に変換することにより、電子的な指令が実世界の動作として表現されます。

問3「IC チップ（集積回路）」は、複数の電子部品が一つのシリコンチップ上に集積された電子回路のことを指します。これらの部品は非常に小さく、スマートフォンが小型化・高性能化する結果に繋がりました。

054

重要度 1

プラットフォーム

問1 空欄 [ア] に当てはまる言葉を答えなさい。

　情報科学における**Ⓐ** プラットフォームとは、ソフトウェアが実行される基盤であり、ハードウェアや**Ⓑ** インタフェースを含みます。現代のコンピュータ設計の基礎となる [ア] 型コンピュータではプログラム内蔵方式が取り入れられています。

問2 問1の下線部**Ⓐ**と**Ⓑ**についての説明として最も適切なものを選べ。

　⓪ プラットフォームはデータを分析するためのソフトウェアで、インタフェースはデータを保存するためのデバイス。

　① プラットフォームはハードウェアやソフトウェアが互いに通信するための基盤で、インタフェースはプログラムやハードウェア間の通信を可能にする接点や規約。

　② プラットフォームはインターネットを利用するためのブラウザで、インタフェースはソフトウェアを開発するためのプログラミング言語。

　③ プラットフォームはデータベースを管理するためのツールで、インタフェースはコンピュータの処理速度を決定する要素。

解答 **問1** ア ノイマン　**問2** ①

☑ **解説**

問1 「ノイマン型コンピュータ」とは、ハンガリー出身の数学者であるジョン・フォン・ノイマンによって提唱されたコンピュータの基本構成のことで、「五大装置」と呼ばれる概念を持ちます。五大装置は、「入力装置」「記憶装置」「制御装置」「演算装置」「出力装置」のことです。コンピュータに命令を与えるために「入力装置」を使用します。入力されたデータは「記憶装置」に保管され、その入力内容を処理するために、「制御装置」と「演算装置」が使われます。その結果を出力するのが「出力装置」です。なお、「制御装置」は五大装置すべての動作を制御しています。

問2 「プラットフォーム」は、特定のソフトウェアやハードウェアが動作するための環境を提供するものです。以下の具体例をおさえておきましょう。

- 「オペレーティングシステム」：Windows、macOS、Linux
- 「ハードウェアプラットフォーム」：IntelやAMDのようなCPU
- 「クラウドプラットフォーム」：Amazon Web Services(AWS)、Microsoft Azure、Google Cloud Platformなどのクラウドサービス

　一方、「インタフェース」は、プログラムやハードウェア間の通信を可能にする接点や規約を指します。これは、ユーザがソフトウェアと対話するための「ユーザインタフェース」や、ソフトウェアが他のソフトウェアと通信するための「API（Application Programming Interface）」などを含みます。

情報社会の問題解決

情報デザイン

コンピュータとプログラミング

情報通信ネットワークとデータの活用

論 理 回 路

問1 空欄 [ア] から [ウ] に当てはまる言葉をそれぞれ答えなさい。

論理回路とは、Ⓐ論理演算を物理的に実現する回路のことです。

基本的な論理回路には、AND、OR などがあり、これらを組み合わせて複雑な演算を行います。具体的には、繰り上がりを考慮しない2進数1桁の加算や1桁の繰り上がりを伴う加算を出力することができる [ア] や、データの誤り検出方式の一つであり、Ⓑビット列中に含まれる「1」の数が偶数か奇数かを表す符号を算出してデータに付加する手法の [イ] などが挙げられます。

これらの論理回路は、半導体の表面に微細かつ複雑な電子回路を形成した電子部品の [ウ] に組み込まれ、電子デバイスの基本的な部分を形成します。

問2 問1の下線部Ⓐについて、正しく説明しているものは次のうちどれか。

⓪ データ間の複雑な計算を可能にするプログラミングの手法。

① 真または偽の値を持つ2つ以上の命題に基づいて新たな命題を作る操作。

② コンピュータ内部での情報の流れを制御する装置。

③ 電子デバイスにおける電流の流れを制御する回路。

問3 問1の下線部Ⓑについて、情報を送信者から受信者へ送信する過程で、ノイズが入り一部のビットが反転し、正しい情報が伝わらないことがある。

そこで、あらかじめ1つの余分な情報を伝える仕組みの具体例について考える。

以下の【図1】の情報を受信した。1箇所にノイズが入ったとすると、どこにノイズが入ったと予想されるか。**ノイズが入ったと予想される行と列を答えなさい。**

なお、それぞれの行と列で1の数が偶数になるように、一番下の行と右端の列に余分な情報を付け加えて送信されたものとする。

【図1】 6行×12列

0 1 0 1 0 1 1 1 0 1 0 1 0

1 1 0 1 0 0 1 0 1 0 0 1

0 1 1 1 0 1 0 0 1 1 0 1

0 1 1 1 0 1 1 0 1 0 0 0

1 1 1 0 0 1 0 1 1 0 0 0

0 1 1 1 0 0 1 1 1 1 1 0

解答

問1 ア 半加算器　イ パリティチェック　ウ IC チップ（集積回路）　**問2** ①

問3 3行4列

☑ **解説**

問1 「半加算器」と「パリティチェック」は複雑な論理回路の一例で、それぞれ2進数の加算とエラーチェックを行う役割を持ちます。これらの回路は「IC チップ（集積回路）」に組み込まれ、電子デバイスの基本的な部分を形成します。「集積回路」は数百から数千の論理ゲート（論理演算を行う電子回路）を一つのチップに集約したもので、これにより電子デバイスは小型化と高性能化を達成します。

問2 「論理演算」は、たとえば AND、OR、NOT などの基本的な演算を提供し、これらを組み合わせることで複雑な論理的な条件を表現することが可能となります。

問3 下図の赤字部分の行と列の1の個数が奇数個となっているため、1つだけ反転しているのであれば、この行と列が交わる箇所になると予想できます。

【図1】　6行×12列

```
0 1 0 |1| 0 1 1 0 1 0 1 0
1 1 0 |1| 0 0 1 0 1 0 0 1
┌─────────────────────────────┐
│0 1 1 1 0 1 0 0 1 1 0 1│
└─────────────────────────────┘
0 1 1 |1| 0 1 1 0 1 0 0 0
1 1 1 |0| 0 1 0 1 1 0 0 0
0 1 1 |1| 0 0 1 1 1 1 1 0
```

今回扱ったのは、1の数が偶数になるように「パリティビット」（データの伝送などの際にエラーを検知できるように付加される符号の一つ）を用いてチェックする方法である「偶数パリティ」です。図1は、もともと送信したい5行×11列のデータに、1の数を偶数に揃えるように右端と一番下にそれぞれ1行、1列の余分なビットを追加して、合計で6行×12列にしたものということになります。

パリティビットは、データ伝送時のエラーチェックに使用されます。パリティチェックの利点は以下の通りです：

エラー検出：パリティビットを用いることで、データ送信中に発生した単一のビットエラーを検出できます。これにより、データの信頼性が向上します。

簡単な実装：パリティビットは、データビットに単純な計算を加えるだけで生成できるため、実装が簡単です。

身近な事象と論理回路

次の文章Ⅰ・Ⅱを読み、以下の問題に答えなさい。

[文章Ⅰ]

　あるビルのエントランスには、自動ドアが設置されています。この自動ドアは、人が近づくとセンサが反応し、ドアが自動的に開きます。このシステムは、2つのセンサが設置されており、どちらか一方あるいは両方のセンサが人を検知した場合にドアが開くように設定されています。

問1　センサＡとセンサＢが存在し、人が存在しないときを0、存在するときを1と定義します。また、自動ドアが開くときを1、開かないときを0とします。**このとき、センサＡ、センサＢと自動ドアの関係のうち正しい関係は次のうちどれでしょうか。**

　　　⓪　AND回路（A・B）　　①　OR回路（A+B）　　②　XOR回路（A ⊕ B）

[文章Ⅱ]

　しかし、このシステムは、ビルの外から入る人には反応しますが、ビルの中から出る人には反応しません。つまり、どちらかのセンサが人を検知しても、その人がビルの中から出るときにはドアは開かないということです。これを考慮に入れると、人がビルの外から入るときと中から出るときを区別する要素Ｃが存在すると考えられます。

問2　要素Ｃはビルの中から出るときを0、外から入るときを1と定義します。**このとき、センサＡ、センサＢ、そして要素Ｃと自動ドアの関係のうち正しい関係は次のうちどれでしょうか。**

　　　⓪　(A + B)・C　　①　(A + B) + C　　②　(A + B) ⊕ C

　　　③　(A・B)・C　　④　(A・B) + C　　⑤　(A・B) ⊕ C

解答　　**問1** ①　　**問2** ⓪

☑ **解説**

問1 自動ドアが開く条件は、センサＡまたはセンサＢが人を検知する（状態1）ときです。これはOR回路の動作に対応します。OR回路は、どちらか一方でも入力が1（真）であれば出力が1（真）となる論理回路です。したがって、このシステムの動作はOR回路 (A+B) に該当します。AND回路だと、センサＡとＢの両方が人を検知したときしかドアが開きません。XOR回路だと片方のセンサが人を検知したときしかドアが開かないため、センサＡとＢの両方が人を検知するとドアが開かなくなってしまいます。

ドアが開かないときをＸ＝0、開くときをＸ＝1として真理値表を整理すると以下のようになります。

⓪　AND回路（A・B）

A	B	X
0	0	0
0	1	0
1	0	0
1	1	1

①　OR回路（A+B）

A	B	X
0	0	0
0	1	1
1	0	1
1	1	1

②　XOR回路（A ⊕ B）

A	B	X
0	0	0
0	1	1
1	0	1
1	1	0

問2 自動ドアが開く条件は、センサ A またはセンサ B が人を検知する（A + B）とき、かつその人がビルの外から入るとき（C=1）です。これは、OR 回路と AND 回路の組み合わせに対応します。最初の OR 回路はセンサ A とセンサ B の出力を処理しています。A または B のセンサが人を検知したら自動ドアが開くので、「OR 回路」が適するということですね。ところが、文章Ⅱはこれで終わりではなく、その結果と要素 C の出力を AND 回路が処理します。つまり、A または B のセンサが反応して、かつ C のセンサが 1 のとき（人が外から中に入るとき）にしか自動ドアは開かない仕組みになっているという状況なので、A または B かつ C、つまり「AND 回路」が適するということですね。今回のルールでは、「または」は + で、「かつ」は・で表現します。

したがって、このシステムの動作は (A + B)・C に該当します。

問1と同様、真理値表を載せておきますので参考にしてください。

⓪ （A + B）・C

A	B	C	X
0	0	0	0
0	0	1	0
0	1	0	0
0	1	1	1
1	0	0	0
1	0	1	1
1	1	0	0
1	1	1	1

① （A + B）+ C

A	B	C	X
0	0	0	0
0	0	1	1
0	1	0	1
0	1	1	1
1	0	0	1
1	0	1	1
1	1	0	1
1	1	1	1

② （A + B）⊕ C

A	B	C	X
0	0	0	0
0	0	1	1
0	1	0	1
0	1	1	0
1	0	0	1
1	0	1	0
1	1	0	1
1	1	1	0

③ （A・B）・C

A	B	C	X
0	0	0	0
0	0	1	0
0	1	0	0
0	1	1	0
1	0	0	0
1	0	1	0
1	1	0	0
1	1	1	1

④ （A・B）+ C

A	B	C	X
0	0	0	0
0	0	1	1
0	1	0	0
0	1	1	1
1	0	0	0
1	0	1	1
1	1	0	1
1	1	1	1

⑤ （A・B）⊕ C

A	B	C	X
0	0	0	0
0	0	1	1
0	1	0	0
0	1	1	1
1	0	0	0
1	0	1	1
1	1	0	1
1	1	1	0

「または」の OR 回路、「かつ」の AND 回路、「否定」の NOT 回路を組み合わせることで、日常生活のさまざまなシステムを表現することができるよ。NOT 回路は入力を反転させるから、補数の計算に役立つよ。ちなみに、問1の②に登場した XOR 回路は「2 つの入力が異なった場合に 1 を出力する」という回路だよ。この回路はデータ比較やエラー検出に使われることがあるんだ。A の入力と B の入力が異なっているときに、「2 つのデータが違います！」とエラー表示として 1 を出力することができるよね。

真理値表

問1 右の論理回路の入力 A、B、C と出力 X の真理値表を作成しなさい。

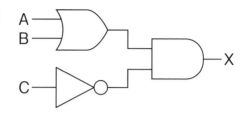

問2 右の式イと式ロの左辺または右辺を論理回路で表現したものとして、正しいものはそれぞれどれか。ただし、A、B を入力、X を出力とする。

イ： $\overline{A \cap B} = \overline{A} \cup \overline{B}$

ロ： $\overline{A \cup B} = \overline{A} \cap \overline{B}$

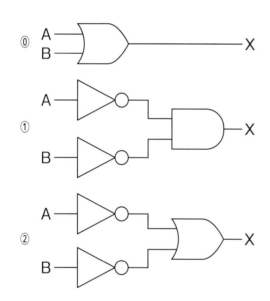

解答

問1 解説参照　**問2** イ ②　ロ ①

☑ 解説

問1 真理値表は入力と出力の全パターンを記述します。今回は ABC のように3つの入力する場所があるため 2^3=8通りの分類が必要なので、表の行数は8行必要です。さらに、入力3つ（A、B、C）と出力1つ（X）の合計4つの項目が必要なので、表の列数は4列必要です。

まずは A 列について入力0のパターン4通りと、1のパターン4通りを作り、次に B 列について入力0のパターンと1のパターンをそれぞれ2つずつ割り振る…といった形で全パターンを記載し、それぞれについてどう出力されるか記入していきます。

論理回路の図記号より、AB が入力されるのは OR 回路、C が入力されるのは NOT 回路、最後に AND 回路に入力されることが分かります。OR 回路の出力（P1）と NOT 回路の出力（P2）を下表のように追記すると考えやすくなります。

最後に出力される X をリストアップします。

A	B/P1	C/P2	X
0	0/0	0/1	0
0	0/0	1/0	0
0	1/1	0/1	1
0	1/1	1/0	0
1	0/1	0/1	1
1	0/1	1/0	0
1	1/1	0/1	1
1	1/1	1/0	0

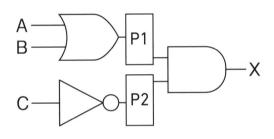

よって、作成する真理値値表は次のようになります。

A	B	C	X
0	0	0	0
0	0	1	0
0	1	0	1
0	1	1	0
1	0	0	1
1	0	1	0
1	1	0	1
1	1	1	0

問2 式イの左辺を日本語に訳すと、「A かつ B、ではない。」です。選択肢の論理回路を見ると、適するものがあるかよく分かりません。そこで、式イの右辺について考えてみます。

式イの右辺を日本語に訳すと、「A でない、または、B でない。」です。正解の論理回路は②で、NOT 回路が「～でない」を意味し、OR 回路が「または」を意味するため適します。

同じように、式ロの右辺を日本語に訳すと、「A でない、かつ、B でない。」です。正解の論理回路は①で、AND 回路は「かつ」を意味するため適します。

アルゴリズム

問1 空欄 [ア] から [ウ] に当てはまる言葉をそれぞれ答えなさい。

問題解決の手順をアルゴリズムといいます。私たちが、あるデータのまとまりの中から特定の値や情報を見つけ出したいとき、[ア] アルゴリズムが有効です。具体的には、単純な**Ⓐ 線形探索法**や、**Ⓑ 要素の中間にある値をチェックし探索対象と大小を比較する** [イ] 法が有名です。

また、円と矢印で構成され、システムの動作やプロセスを視覚的に理解する図を [ウ] といい、ここからアルゴリズムを考えることもあります。

アルゴリズムの歴史は古く、古代ギリシャの数学者ユークリッドが書いた『原論』の中には、「ユークリッドの互除法」という最大公約数を求めるためのアルゴリズムが含まれています。

問2 問1の下線部Ⓐについて、正しく説明しているものは次のうちどれか。

⓪ 配列の要素を一つずつ先頭から調べていく探索方法。

① 探索範囲を半分に分けて探索を進める方法。

② データを昇順または降順に並べ替えるアルゴリズムを用いた探索方法。

③ 状態遷移の各ステップを図形で表現することで探索を進める方法。

問3 問1の下線部Ⓑについて、正しく説明しているものは次のうちどれか。

⓪ 入力データはすでにソートされている必要がある。

① 二分探索法は線形探索よりも常に高速である。

② 二分探索法は重複した値を含むデータには使用できない。

③ 二分探索法は小さなデータセットに最も効果的である。

問4 問1の下線部Ⓐ、Ⓑについて、以下の問題に答えなさい。

あなたは1月から12月の間に生まれた友人Bの誕生日を知りたいと思っています。しかし、友人Bは直接日にちを教えてくれません。ですが、「ある日付を挙げれば、不正解の場合でも、その日より前か後かは教えてあげる」と言っています。線形探索法と問1の [イ] 法を用いた場合、最大で何回の質問で誕生日を特定できるか、正しい組み合わせを次の表から選びなさい。ただし、1年を365日とします。

	線形探索法	[イ] 法
⓪	182回	9回
①	182回	10回
②	364回	9回
③	364回	10回

解答 問1 ア 探索　イ 二分探索　ウ 状態遷移図　問2 ⓪　問3 ⓪　問4 ②

☑ **解説**

問1 「状態遷移図」は、システムの動作やプロセスを視覚的に表現したもので、システムの全体像を把握するのに役立ちます。

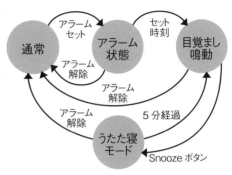

問2 「線形探索法」は、配列の要素を一つずつ先頭から調べていく探索方法を指します。このため、選択肢の中では⓪が正しい説明になります。
他の選択肢はそれぞれ二分探索法、整列アルゴリズム、状態遷移図に関する説明となっています。

問3 二分探索法は線形探索法に比べて便利に見えますが、注意点として、探索するデータがあらかじめ「小さい順・または大きい順」に並び替えられている（「ソート」されている）ことを前提としていることがあげられます。
①は必ずしも正解ではありません。データセットが非常に小さい場合、線形探索の方が実行時間が短いことがあります。②は、重複した値を含むデータでも二分探索法を使用することはできますが、重複した要素のうちどれが見つかるかは保証されません。③は不正確です。二分探索法は大量のデータに対して特に効果的です。

問4 線形探索法では最悪の場合、すべての日付を1つずつ質問しなければならず、1年は365日なので最大で364回の質問が必要となります。
一方、二分探索法では、毎回探索範囲を半分に分割していくため、365日を半分ずつに割っていくようにして候補日を絞り込むことができます。

$$365 \div 2 = 182.5 \quad \cdots 残り183日（1回目）$$
$$183 \div 2 = 91.5 \quad \cdots 残り92日 \quad（2回目）$$
$$92 \div 2 = 46 \quad \cdots 残り46日 \quad（3回目）$$
$$46 \div 2 = 23 \quad \cdots 残り23日 \quad（4回目）$$
$$23 \div 2 = 11.5 \quad \cdots 残り12日 \quad（5回目）$$
$$12 \div 2 = 6 \quad \cdots 残り6日 \quad（6回目）$$
$$6 \div 2 = 3 \quad \cdots 残り3日 \quad（7回目）$$
$$3 \div 2 = 1.5 \quad \cdots 残り2日 \quad（8回目）$$
$$2 \div 2 = 1 \quad \cdots 残り1日 \quad（9回目）$$

つまり9回の質問で誕生日を特定できます。

$2^9 = 512$であり、365日の日数を超えることに注目して正解することもできるよ！

情報デザイン

コンピュータとプログラミング

情報通信ネットワークとデータの活用

89

ハッシュ関数

次の文章を読み、以下の問題に答えなさい。

　ユーザが同じウェブページを何度も訪れるとき、毎回ネットワークからすべてのデータをダウンロードするのは時間と帯域幅の無駄です。そこで、キャッシュされたデータを再利用することで、ページの読み込み速度を向上させています。ハッシュ探索はこの⒜ キャッシュシステムで大きな役割を果たします。

問　下線部⒜について、正しく説明しているものは次のうちどれか。

　⓪ ウェブページの各ファイルを一時的に保存し、それを用いてキャッシュ内のデータを高速に探索する。

　① ウェブページのすべてのデータは毎回ネットワークからダウンロードされ、その都度キャッシュは最新の状態に更新される。

　② ハッシュ値がキャッシュ内に見つからない場合、そのデータはすでにダウンロード済みである。

　③ ハッシュ値の生成には一意の 5 文字の文字列が必ず用いられる。

解答　⓪

☑ **解説**

　ウェブブラウザは、閲覧したウェブページの情報（画像、スクリプト、CSS など）をローカルに一時的に保存します。これを「キャッシュ」と呼びます。ウェブブラウザは、ウェブページの各ファイル（画像やスクリプトなど）に対して一意の「ハッシュ値」を生成します。次にそのウェブページを開くとき、ブラウザはハッシュテーブルを用いてすでにキャッシュされたデータがあるかどうかを素早く探索します。ハッシュ値がキャッシュの中に見つかった場合、そのデータはすでにダウンロード済みであるため、ローカルから読み込むことができます。これにより、ページの読み込みが高速化し、通信帯域が節約されます。「ハッシュ関数」は任意の長さのデータ（文字列、ファイル、メッセージなど）を固定長のハッシュ値に変換します。このハッシュ値は基本的には一見ランダムな一連の数字や文字に見えますが、同じ入力に対しては常に同じハッシュ値が生成されるのが特徴です。ハッシュ関数の注意点は、異なる入力値が同じハッシュ値を生成する場合があることです。これを「ハッシュ衝突」といいます。ただし、文字数が多いハッシュ値では、なかなかハッシュ衝突は生じません。

> 教科書で詳しく扱われていなくても、この問題のように問題文を読んで正解を予想できる出題も想定されるよ！

制御構造

鉄板 060 重要度③

問 空欄 [ア] から [エ] に当てはまる言葉をそれぞれ答えなさい。

　プログラミングにおける「制御構造」とは、プログラムの進行方向、命令がどのように実行されるかを制御するためのパターンのことを指します。

　制御構造は順次構造・[ア]・[イ]の3つに分類されます。[ア]は特定の条件に基づいて実行する命令を選択する形式であり、[イ]は特定の条件が満たされるまで一連の手続きや命令を繰り返す形式です。これらの制御構造は、フローチャートやアクティビティ図などの図示によって視覚的に理解することが可能です。データをプログラム中で効率よく使用するためには、値を入れておく箱のようなものである [ウ] に格納して使うことが多いです。[ウ] に値を格納することを [エ] といいます。

解答　ア 分岐構造　イ 反復構造　ウ 変数　エ 代入

☑ **解説**

　「順次構造」、「分岐構造」、「反復構造」は、プログラムの流れを制御する基本的な方法です。「分岐構造」は「if-else」などの命令で表され、特定の条件に基づいてどの命令を実行するかを選択します。「反復構造」は「for」や「while」などの命令で表され、特定の条件が真（または偽）である限り、一連の命令を繰り返し実行します。

　「フローチャート」は、システムの動作やプロセスの流れを表すための図で、一連の手続きや作業フローを視覚的に表現します。記号や矢印はそれぞれ特定の意味を持ち、手続きの順序や分岐、反復などを表すことができます。

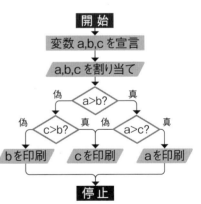

　コンピュータは人間に比べて、反復する処理が得意です。たとえば、私たち人間が「1から1000までの整数のうち、素数をすべてリストアップする」には、時間と気力が必要です。

　一方でコンピュータは、あらゆるパターンの割り算を電気の速さで処理することが可能なので、人間より圧倒的に速い計算が可能です。

　コンピュータに対する命令の文章である「プログラム」を用いて効率よく反復処理を命令するには、計算結果や一時的なデータを保存する「変数」と呼ばれる箱に格納することが一般的です。変数はプログラムの処理の中で値が変更されることが多く、多様な処理で使用されます。変数に値を格納する行為を「代入」と呼びます。代入を行うことで、その後のプログラムの処理でその値を再度参照したり、計算に使用したりすることができます。

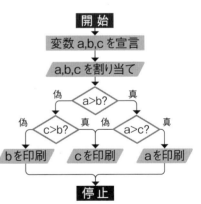

プログラミング①

問1 空欄 [ア]、[イ] に当てはまる言葉をそれぞれ答えなさい。

　プログラミングにおける**Ⓐ**機械語は、人間が日常使う言葉とはかけ離れていて読み書きしやすい形式ではありません。一方、人間が理解できる英語や日本語のような言語は、そのままコンピュータが理解することは難しいです。そのため、私たち人間はコンピュータに命令を下す際にプログラミング言語を使用します。プログラミング言語では、プログラム内のデータを一時的に保持する役割を果たす [ア]、複数のデータを一元的に管理する [イ] といった要素があります。[ア] はデータを読み書きする記憶域のことであり、固有の名前（識別子）によって識別されます。[イ] は複数のデータを順番に並べた構造のことで、目的のデータの番号を指定すればデータが取り出せるのが特徴です。上記の基本的な概念をもとに、現代では世界中の開発者が**Ⓑ**OSS のコミュニティに関わっています。

問2 問1の下線部**Ⓐ**、**Ⓑ**について正しく説明しているものをそれぞれ選択しなさい。

　⓪ コンピュータが翻訳処理を行うことで解釈・実行できる言語。
　① コンピュータが直接解釈・実行できる言語。
　② ソースコードが公開されており、誰でも自由に利用・改変・再配布できるソフトウェア。
　③ 公開されたプログラムを一括で実行するソフトウェア。

解答 **問1** ア 変数　イ 配列　**問2** **Ⓐ** ①　**Ⓑ** ②

☑ **解説**

問1,2 コンピュータが直接解釈して動作を制御するための最も基本的な言語である「機械語」は、一般的に0と1だけで表現され、人間には理解しにくい表現形式です。そのため、人間がより理解しやすく、コンピュータに対して命令を出せる言語である「プログラミング言語」が生まれました。

　プログラミング言語では、データを一時的に保存する「変数」や、複数のデータを一つの連続した領域に保存する「配列」といった概念が用いられます。

　さらに、これらのプログラムが一部の特権を持つ人々だけでなく、誰でも自由に利用したり、修正したり、配布したりできてよいという考え方が「オープンソース」です。これにより、個々の開発者が単独でプログラムを作成するだけでなく、多くの人々が共同で作業を進めていくことが可能となり、複雑な問題を解決したり、新しい発見をしたりするための環境が広がっています。

「OSS」は「オープンソースソフトウェア」の意味だ！
よく略されるよ！

鉄板

062

重要度 ③

プログラミング②

問1 空欄 [ア] から [ウ] に当てはまる言葉をそれぞれ答えなさい。

プログラミングにおいて、関数は一定の処理を行い、その結果を戻す機能を持ちます。関数は [ア] を受け取り、その [イ] を出力します。有名なプログラミング言語である Python では、よく使う関数は❹組み込み関数として登録されています。

一方、[ウ] は他のプログラマが作成した関数やクラスなどを集めたもので、必要に応じて利用できます。[ウ] の利用には❺ API がしばしば使用されます。

問2 問1の下線部❹、❺について正しく説明しているものをそれぞれ選びなさい。

⓪ 外部から取り入れて利用する関数の集まり。

① プログラミング言語に最初から組み込まれていてすぐに利用できる関数。

② 一連の関数を呼び出し可能な形にしたもの。

③ ソフトウェア間の通信を可能にする規則や仕様の集まり。

解答 **問1** ア 引数　イ 戻り値　ウ ライブラリ　**問2** ❹ ①　❺ ③

☑ 解説

問1 自動販売機に硬貨を入れてボタンを押すと（入力）、指定した飲み物が出てきます（出力）。このように、「関数」にも入力と出力があります。同じ自動販売機でも、違うボタンを押すと、出てくる飲み物は変わります。これが関数の働き方の一例です。

「ライブラリ」は他のプログラマが作成した関数を集めたもので、必要に応じて利用できます。自動販売機の集合体と考えることもできます。一つの自動販売機がアイスクリーム専門で、もう一つの自動販売機がお茶専門で、といった具体的な機能を提供する自動販売機が集

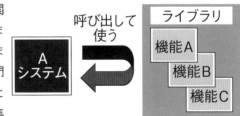

まっていると考えてください。必要に応じて、アイスクリームが欲しいときはアイスクリーム専門の自動販売機（ライブラリ）を利用し、お茶が欲しいときはお茶専門の自動販売機（ライブラリ）を利用するといった具合です。

問2 「組み込み関数」は、その名の通りプログラミング言語に最初から組み込まれている関数で、プログラマが特別な追加なしで利用できます。これは、頻繁に利用される基本的な機能をすぐに使えるようにするためのものです。

「API」は、ソフトウェア間の通信を可能にする規則や仕様の集まりです。API を通じて、あるソフトウェアが他のソフトウェアの機能を利用することができます。

数理モデル

問1 空欄 [ア] から [ウ] に当てはまる言葉をそれぞれ答えなさい。

現実の現象や概念を数値や式で表現するモデルを数理モデルと呼びます。

数理モデルを構築する際、現実の現象や情報を数学的な形式に「変換」する必要があります。たとえば、人間の年齢と身長の関係をモデル化する際には、具体的な人々（現実の集合）を数値データへ変換します。このように、ある集合の要素を規則に基づいて別の集合や要素へ対応付けることを [ア] といいます。

数理モデルの中には、時間や条件によってその状態が変化する [イ] と、常に一定の状態を保つ [ウ] があります。これらのモデルは、問題解決のための手法や理解の深まりを提供します。また、❹ 物理モデルや❺ 確率的モデルもあります。

問2 問1の下線部❹、❺について正しく説明しているものをそれぞれ選択しなさい。
⓪ 模型などのように実物の形に似せて作られるモデル。
① 統計学に基づき、事象の不確実性を表現するモデル。
② データベース設計の一環として物理的なデータの配置を決定するモデル。
③ 物理的な現象をコンピュータ上でシミュレーションするための数値計算モデル。

解答 **問1** ア マッピング イ 動的モデル ウ 静的モデル **問2** ❹ ⓪ ❺ ①

☑ **解説**

問1 「マッピング」はデータ整理において非常に重要な考え方です。たとえば、ある人の名前、身長、体重はそれぞれ全く別の要素ですがこれらをある1人のデータとして対応付けすることもマッピングの一つです。

「動的モデル」は、対象物の動的な面に着目したモデルであり、各種のシミュレータなどが該当します。また、「静的モデル」は、対象物の静的な面に着目したモデルであり、建築模型などが該当します。

問2 「物理モデル」は、実物の形を表現するモデルです。地球儀のように実物のものを縮小したり、原子模型のように実物のものを拡大したりして表すことがあります。

「確率的モデル」は、結果が決定的ではなく、ある確率に従って発生する事象やシステムを表現するモデルです。このようなモデルは、統計学や確率論において広く用いられ、事象の不確実性やランダム性を数学的に取り扱うために使用されます。

> 確率的モデルは、共通テストのテーマにしやすい！ プログラミングの単元で「乱数」という概念を習うよね。ランダムな現象を出題できる。たとえば気象予報モデル、待ち行列モデル、感染症の流行予測モデル（非感染者数と感染者数と回復者数の推移）などさまざまな出題が予想されるよ！

モデル化

問1 空欄 [ア] から [ウ] に当てはまる言葉をそれぞれ答えなさい。

　現実世界の問題解決や理解を深めるために、我々はしばしば [ア] を行います。これは、複雑な現象やシステムを単純化し扱いやすい形にするプロセスで、例として **Ⓐ クレイモデル** があげられます。モデルを用いて仮想的な実験を行い、コンピュータを用いて様々な条件下での振る舞いを予測する [イ] を行えば、現実には難しい、あるいは時間やコストがかかる実験を、短時間かつ低コストで行うことが可能になります。

　一方、ランダムウォークや **Ⓑ モンテカルロ法** のような手法を利用して複雑な問題を解決することもあります。これらの手法は特に [ウ] などの高性能な計算機が必要となる複雑な計算に対して利用されます。

問2 問1の下線部Ⓐについて正しく説明しているものは次のうちどれか。
　⓪ プログラミングにおける特殊なデータ構造を単純化したモデル。
　① 建築・製品設計の初期段階で用いられる形状のモデル。
　② ハッシュ関数を適用して得られる一意の値を用いたモデル。
　③ データとその操作方法をまとめたプログラミング概念のモデル。

問3 問1の下線部Ⓑについて正しく説明しているものは次のうちどれか。
　⓪ 一連のランダムな歩み（ウォーク）を用いて数学的な問題を解く方法。
　① 立体オブジェクトの形状を変形させるデジタルモデル。
　② 統計的なサンプリングを用いて数値的に問題を解く方法。
　③ 高性能な計算機を用いて複雑な問題を解く方法。

解答
　問1 ア モデル化　イ シミュレーション　ウ スーパーコンピュータ　**問2** ①
　問3 ②

☑ **解説**

問1 「モデル」には、模型などの物理モデルと、数式を用いた数式モデル（または数理モデル）、図を用いた図的モデルなどがあります。同様に、「シミュレーション」にも物理的シミュレーションと論理的シミュレーションが存在します。日本の「スーパーコンピュータ」である「富岳」は、1秒間に約44京回の計算処理を行うことができます。

問2 「クレイモデル」は3Dグラフィックスの一部として使用されるモデル化手法で、これは物体の形状を自由に変形できる特徴を持っています。これは彫刻の粘土（クレイ）のように、デジタルモデルの各部分を変形させることが可能なため、この名前が付けられました。

問3 「モンテカルロ法」は確率的なアルゴリズムを用いて複雑な問題を解決する手法の一つです。特に確率や統計に関する問題に対して、大量のランダムなサンプリングを行い、それに基づいて問題の答えを推測します。

プログラミング〜変数〜

問1 次のプログラムの5行目での出力結果として最も適当なものを、後の解答群から一つ選びなさい。

```
(1)  x = 2
(2)  y = 3
(3)  x = 4
(4)  y = 6
(5)  表示する（x，"と"，y）
```

解答群

⓪ 2と3　　① 2と6　　② 4と3　　③ 4と6
④ 23　　⑤ 26　　⑥ 43　　⑦ 46

問2 次のプログラムの5行目での出力結果として最も適当なものを、後の解答群から一つ選びなさい。

```
(1)  a = 7
(2)  b = 2
(3)  c = 3
(4)  b = b + c
(5)  表示する（b）
(6)  d = a ÷ b
(7)  e = a / b
(8)  f = a % b
(9)  表示する（d，"，"，e，"，"，f）
```

解答群

⓪ 6　　① 2　　② 3　　③ 5

問3 問2のプログラムの9行目での出力結果として最も適当なものを、後の解答群から一つ選びなさい。

解答群

⓪ 1,1.4,2　　① 1,2,1.4　　② 2,1,1.4
③ 2,1.4,1　　④ 1.4,1,2　　⑤ 1.4,2,1

☑ 解説

代入、変数、演算をテーマにした問題です。

問1

x = 2 x に 2 を代入しています。「この行から x は 2 になるぞ！」という意味です。

y = 3 y に 3 を代入しています。「この行から y は 3 になるぞ！」という意味です。

x = 4 x に 4 を代入しています。「この行から x は 4 になるぞ！」という意味です。

y = 6 y に 6 を代入しています。「この行から y は 6 になるぞ！」という意味です。

表示する (x, "と", y) x と y にはこの時点で 4 と 6 が代入されているので、4 と 6 が表示されます。

問2,3

a = 7 a に 7 を代入しています。「この行から a は 7 になるぞ！」という意味です。

b = 2 b に 2 を代入しています。「この行から b は 2 になるぞ！」という意味です。

c = 3 c に 3 を代入しています。「この行から c は 3 になるぞ！」という意味です。

b = b + c b に b+c を代入しています。この時点で b には 2、c には 3 が代入されているので、b には新たに 5 が代入されます。

表示する (b) b にはこの時点で 5 が代入されているので、5 が表示されます。

d = a ÷ b 「÷」は整数の割り算の商を整数で返す演算子です。この時点で a には 7 が、b には 5 が代入されているので、d には 1 が代入されます。

e = a / b 「/」は割り算を表す演算子です。この時点で a には 7 が、b には 5 が代入されているので、e には 1.4 が代入されます。

f = a % b 「%」は割り算の余りを返す演算子です。この時点で a には 7 が、b には 5 が代入されているので、f には 2 が代入されます。

表示する (d, ",", e, ",", f) この時点で d と e と f にはそれぞれ 1 と 1.4 と 2 が代入されているので、1,1.4,2 が表示されます。

「a=2」は「この行から a という箱に 2 という数を入れるぞ！」と考えても良いし、「表示する (a)」は「a という箱の中身を表示する！」と考えても良いね！

プログラミング〜3桁の偶数の個数〜

次の会話を読んで、以下の問題に答えなさい。

生徒 先生、数学の時間に次のような問題を習いました。

> 問題
> 0,1,2,3,4,5,6と書かれた7枚のカードを使ってできる3桁の偶数は何通りあるか。

生徒 今回は 0,1,2,3,4,5,6 の7枚ですが、0を必ず含む被りのない1桁の数字のカードからできる3桁の偶数の個数を求めるプログラムはどう書けるのでしょうか？

先生 偶数になるには一の位が偶数になればいいね。まずは変数から定義していこう。

```
(1) Numbers = [0, 1, 2, 3, 4, 5, 6]
(2) sum = 0
(3) even = 0
(4) isZero = 0
```

生徒 Numbers はカードに書かれている数字の配列で、今回は 0 から 6 が格納されていますね。その他の変数は何を表しているのでしょうか？

先生 sum は答え、すなわち3桁の偶数の個数を、even は偶数の個数を、isZero は 0 のカードが含まれているかどうかを表しているよ。

生徒 isZero が必要な理由は何でしょうか？

先生 0は百の位にはならないので、0の有無で場合分けが必要かどうか決まるんだ。even と isZero に適切な値を入れるために以下のプログラムを書いたよ。

```
(5) i を 0 から 要素数(Numbers)-1 まで 1 ずつ増やしながら繰り返す：
(6)    もし Numbers[i] == 0 ならば：
(7)      └ isZero = 1
(8)    もし  ア  ならば：
(9)      └ even = even + 1
```

生徒 これで isZero には 1 が、even には イ が代入されていますね。

先生 そして sum を求めるには以下のようにすれば良いね。

生徒 今回の場合だと、sum には ウ が代入されますね。

```
(10) sum = even * ( 要素数(Numbers) - 1 ) * ( 要素数(Numbers) - 2 )
(11) もし isZero == 1 ならば：
(12)   └ sum = sum - (even - 1) * ( 要素数(Numbers) - 2 )
```

関数の説明

要素数（配列）･･･ 配列の要素数を返す

例：Data = [1,2,3,4,5,6,7,8,9] のとき、**要素数** (Data) は 9 を返す

問1 プログラム中の空欄 ［　ア　］ に入るコードを答えなさい。

問2 会話文中の空欄 ［　イ　］ と ［　ウ　］ に入る数を答えなさい。

解答 **問1** ア：Numbers[i] % 2 == 0　**問2** イ：4　ウ：105

☑ **解説**

Numbers = [0, 1, 2, 3, 4, 5, 6]　Numbers に [0, 1, 2, 3, 4, 5, 6] を代入しています。「この行から Numbers は [0, 1, 2, 3, 4, 5, 6] になるぞ！」という意味です。

sum = 0　sum に 0 を代入しています。「この行から sum は 0 になるぞ！」という意味です。

even = 0　even に 0 を代入しています。「この行から even は 0 になるぞ！」という意味です。

isZero = 0　isZero に 0 を代入しています。「この行から isZero は 0 になるぞ！」という意味です。

i を 0 から要素数 (Numbers)-1 まで 1 ずつ増やしながら繰り返す：Numbers の要素について 1 つずつ確認するために、要素を表す i を 1 つずつ増やしていきます。

もし Numbers[i] == 0 ならば：isZero = 1　Numbers に 0 が含まれているならば、いずれかの i で Numbers[i] == 0 を満たすことになり、isZero に 1 が代入されます。今回の問題では i = 0 の時に Numbers[i] == 0 を満たすことになります。

もしア Numbers[i] % 2 == 0 ならば：even = even + 1　「%」は割り算の余りを返す演算子です。偶数の個数を調べたいので、Numbers[i] が 2 で割り切れるかを調べます。Numbers[i] % 2 == 0 ということは、Numbers[i] が 2 の倍数ということになるので even に 1 を足しています。

したがって ［　ア　］ には Numbers[i] % 2 == 0 が入ります。今回だと Numbers[i] = 0,2,4,6 の時にこの分岐に入るので、最終的に even には 4 が代入されます。したがって ［　イ　］ には 4 が入ります。

sum = even ＊ (要素数 (Numbers) - 1) ＊ (要素数 (Numbers) - 2)　一の位が偶数の時の個数を計算しています。それぞれの積で計算されます。今回の場合、even は 4、Numbers の要素数は 7 なので、4 × (7 − 1) × (7 − 2) = 120 が sum に代入されます。

もし isZero == 1 ならば：sum = sum - (even - 1) ＊ (要素数 (Numbers) - 2)

isZero == 1 すなわち Numbers に 0 が含まれている時は、先ほどの sum から百の位が 0 になる場合を引かないといけません。百の位は 0、一の位には 0 を除く残りの偶数の個数だけ、十の位には 0 と一の位の 2 つを除いた Numbers の要素数だけ場合の数があるのでそれぞれの積で計算されます。今回の場合だと、(4 - 1) × (7 - 2) = 15 が元の sum から引かれて sum には 105 が代入されます。したがって ［　ウ　］ には 105 が入ります。

プログラミング〜点数によるランク付け〜

問1 空欄 ア 、 イ に入るコードを答えなさい。

太郎　情報のテスト、僕は 40 点だったよ……。花子さんはどうだった？

花子　89 点だったわ。平均点は 63 点だそうね。

太郎　平均点と比較して評価がつけられるんだよね？

花子　そう。平均点と比べて 20 点以上高ければ A、20 点以上低ければ C、その間であれば B という評価ね。

太郎　僕は評価 C で、花子さんは評価 A ということだね。

花子　点数と平均点から評価を求めるプログラムってできるかな？

太郎　次のようになるね。

```
(1)  score = 40
(2)  average = 63
(3)  rank = "A"
(4)  もし score >= ア ならば：
(5)  │  rank = "A"
(6)  そうでなくもし score > イ and score < ア ならば：
(7)  │  rank = "B"
(8)  そうでなくもし score <= イ ならば：
(9)  └ rank = "C"
```

問2 空欄 ウ から オ に入るコードを答えなさい。

花子　もし平均点が 20 点未満や 80 点より高かった場合はどうなるのかしら？

太郎　その時は、平均点より高い人は評価 A、平均点以下の人は評価 B になるそうだよ。

花子　じゃあそこでも条件分岐が必要ね。次のようになるわね。

```
(1)    score = 40
(2)    average = 63
(3)    rank = "A"
(4)    もし ウ ならば：
(5-10) │  （問1の (4)-(9) 行目と同じ）
(11)   そうでなければ：
(12)   │  もし エ ならば：
(13)   │  │  rank = "A"
(14)   │  そうでなくもし オ ならば：
(15)   └ └  rank = "B"
```

100

解答

問1 ア：average+20　イ：average-20

問2 ウ：average >= 20 and average <= 80　エ：score > average

オ：score <= average

☑ **解説**

問1

score = 40　score に40を代入しています。「この行から score は40になるぞ！」という意味です。

average = 63　average に63を代入しています。「この行から average は63になるぞ！」という意味です。

rank = "A"　rank に "A" を代入しています。「この行から rank は "A" になるぞ！」という意味です。

もし score >= ア average+20 ならば：rank = "A"　「score が average+20以上だったら rank に "A" を代入するぞ！」という意味です。score が average より20点以上高ければ rank が A になりますので、┌─ア─┐には average+20 が入ります。今回は score が40、average が63なのでこの条件は満たしていません。

そうでなくもし score > イ average-20 and score < ア average+20 ならば：rank = "B"　「score が average-20 より高くて average+20未満だったら rank に "B" を代入するぞ！」という意味です。score が average から±19の範囲にあれば rank が B になりますので、┌─イ─┐には average-20 が入ります。今回は score が40、average が63なのでこの条件は満たしていません。

そうでなくもし score <= イ average-20 ならば：rank = "C"　「score が average-20以下だったら rank に "C" を代入するぞ！」という意味です。今回は score が40、average が63なのでこの条件を満たすため、rank に "C" が代入されます。

問2 （3行目までは問1と同じ）

もしウ average >= 20 and average <= 80 ならば：「average が20以上80以下だったら次の操作を行うぞ！」という意味です。平均点が20点以上80点以下であれば問1のプログラムの処理に入るため、┌─ウ─┐には average >= 20 and average <= 80 が入ります。

今回は average が63なのでこの条件を満たしています。

そうでなければ：「もし average が20以上80以下でなければ次の操作を行うぞ！」という意味です。

もしエ score > average ならば：rank = "A"　「もし score が average より高かったら rank に "A" を代入するぞ！」という意味です。rank が A になるには score が average より高い必要があるので、┌─エ─┐には score > average が入ります。

そうでなくもしオ score <= average ならば：rank = "B"　「もし score が average 以下だったら rank に "B" を代入するぞ！」という意味です。score が average 以下だと rank が B になるので、┌─オ─┐には score <= average が入ります。

プログラミング 〜素因数分解〜

次の会話を読んで、以下の問題に答えなさい。

太郎 先生、自然数の素因数分解を行うプログラムを組みたいんですけど……。

先生 じゃあ2以上の自然数 n を与えると素因数分解の結果を返すプログラムを作ろう。プログラムは次の通りになるね。

```
(1)  n =【外部からの入力】
(2)  m = n
(3)  Result = [ ]
(4)  i を2から 平方根 (n) まで1ずつ増やしながら繰り返す:
(5)  │  m % i == 0 の間繰り返す:
(6)  │  │   挿入 (Result,i)
(7)  └  └─ m = │  ア  │
(8)  もし │  イ  │ ならば:
(9)  └ 挿入 (Result,m)
(10) 表示する (Result)
```

関数の説明

平方根 (数値) … 数値の平方根を超えない最大の整数を返す

例 : hensu=10のとき、**平方根** (hensu) は3を返す

挿入 (配列、数値) … 配列の最後に数値を挿入する

例 : Data[1,2,3]、hensu=10のとき、**挿入** (Data,hensu) は [1,2,3,10] となる

太郎 i を**平方根** (n) までしか増やさないのはなぜでしょうか?

先生 **平方根** (n) までこの操作を行えば、m は1か素数になるからだよ。

太郎 だから最後に │ イ │ ならば Result に m を加えるのですね。

問1 空欄 │ ア │ に入るコードとして適切なものを、解答群からすべて選びなさい。

解答群

⓪ m ÷ i	① m / i	② m % i
③ m * 1	④ m + i	⑤ m - i

問2 空欄 │ イ │ に入るコードとして適切なものを、解答群からすべて選びなさい。

解答群

⓪ m = 平方根 (n)	① m ==1	② m != 平方根 (n)
③ m != 1	④ m % 2 == 0	⑤ m / 2 == 0

解答　**問1** ア：⓪,① 　**問2** イ：③

☑ **解説**

条件分岐、繰り返しをテーマにした問題です。

----

n＝【外部からの入力】　n に2以上の自然数を代入しています。

----

m＝n　m に n を代入しています。

Result＝[ ]　空の配列を Result に代入しています。この先の操作で、Result に n の素因数が順次入っていきます。

----

i を2から平方根 (n) まで1ずつ増やしながら繰り返す：　n を割り切ることのできる数を探索するために、i を2から順に増やしていって m が i で割り切れるかを確かめていきます。「i＝2,3,4・・・ **平方根 (n)** のそれぞれで次の操作を行うぞ！」という意味です。

----

m％i＝＝0の間：　「％」は割り算の余りを計算する演算子です。m％i＝＝0ということは m が i で割り切れるということです。「m が i で割り切れるなら次の操作をするぞ！」という意味です。

挿入 (Result,i)　m％i＝＝0の時、i は n の素因数になっているので、i を Result に加えていきます。

----

m＝ア m÷i(または m／i)　m が i で割り切れるので、m を i で割ったものを m に代入しています。「m％i＝＝0の間繰り返す」という繰り返し条件がありますので、この操作を m が i で割り切れなくなるまで行います。÷ は整数の割り算の商を、／ は割り算を表しますが、今回は m は i で必ず割り切れるのでどちらを用いても構いません。
したがって　ア　には m÷i か m／i が入ります。

もしイ m！＝1ならば：　i が**平方根 (n)** まで上記の操作を行うと、m は1か素数になります。もし素数であれば次の操作に入りたいので、　イ　には m！＝1が入ります。

挿入 (Result,m)　m が1ではなく素数である場合、その素数も n の素因数となりますので、Result に m を加える必要があります。これらの操作によって Result には n の素因数が小さい順に格納されていきます。
たとえば、n＝15の時を考えてみましょう。
「i を2から**平方根 (n)** まで1ずつ増やしながら」とあるので、i には2と3が順に代入されます。
i＝2のとき、m％i＝＝0を満たさないため、6、7行目の処理は行われません。
i＝3のとき、15％3＝＝0となるため、Result に3が入ります。
m＝m÷i により、m＝5が代入されます。
m＝5のとき、i は3のみとなりますが、5％3＝＝0を満たしません。m＝5は m！＝1なので、Result に5が加わります。
Result は [3 , 5] となります。

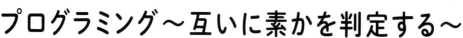

プログラミング〜互いに素かを判定する〜

次の会話を読んで、以下の問題に答えなさい。

先生 異なる 2 つの整数が互いに素かを判断するプログラムを作ってみよう。

生徒 互いに素とは何でしょうか。

先生 最大公約数が 1 であることだよ。たとえば 12 と 7 は最大公約数が 1 だよね？ 2 つの整数の最大公約数を求めて、それが 1 かどうかで条件を分岐させせれば良いね。

生徒 「a,b,q,r を自然数として、a ÷ b = q 余り r のとき、a と b の最大公約数は b と r の最大公約数に等しい」という定理を用いて考えてみます。

---

(1) num1 =【外部からの入力】

(2) num2 =【外部からの入力】

(3) もし num1 < num2 ならば：

(4) └ **入替**（num1,num2）

(5) num2 != 0 の間繰り返す：

(6) │　tmp = num2

(7) │　num2 = ［　**ア**　］

(8) └ num1 = tmp

(9) もし ［　**イ**　］ == 1 ならば：

(10) │　表示する（"互いに素です"）

(11) そうでなければ：

(12) └ 表示する（"互いに素ではありません"）

関数の説明

入替（変数 1、変数 2）··· 変数 1 と変数 2 の値を入れ替える

例 :atai1 = 4、atai2 = 6のとき、**入替** (atai1,atai2) の実行後、atai1 = 6、atai2 = 4 となる

先生 これで互いに素かどうか判断できますね。大きい整数を小さい整数で割っていくのです。互いに素でないときは最大公約数で割り切れることになりますね。たとえば 12 と 3 なら、3 で割り切れるので、最大公約数は 3 ということになり、互いに素ではないということになります。

問1 プログラム中の空欄 ［　**ア**　］ に入るコードを答えなさい。

問2 プログラム中の空欄 ［　**イ**　］ に入る変数名を答えなさい。

解答 　**問1** 　ア：num1 % num2　　**問2** 　イ：num1

☑ **解説**

条件分岐、繰り返しをテーマにした問題です。

2つの数の割り算を行っていくことで最大公約数を求めていきます。たとえば378と210の場合、378÷210=1余り168、210÷168=1余り42、168÷42=4余り0となり、余りが0になったときの割る数である42が最大公約数になります。

---

num1 =【外部からの入力】　num1に任意の自然数を代入しています。

---

num2 =【外部からの入力】　num2に任意の自然数を代入しています。

もし num1 < num2ならば：　もし num1の方が小さいと、最大公約数が求められないため、ここで条件分岐をさせています。「もし num1が num2より小さかったら以下の操作を行うぞ！」という意味です。

入替 (num1,num2)　num1と num2の値を入れ替えます。num1と num2は異なる整数なので常に num1の方が大きい値になります。

---

num2 != 0の間繰り返す：　「num2 != 0である限り、以下の操作を行うぞ！」という意味です。以下の操作を繰り返し行うと num2がいずれ0になります。それまでは以下の操作を繰り返すという意味です。

---

tmp = num2　tmpに num2を代入しています。num2は次の操作で値が変わってしまいますが、その後に num2の値を使いたいため、一時的に (temporary) という意味の tmpという新たな変数に num2を代入しておきます。

---

num2 = ア num1 % num2　num1には num2を、num2には num1÷num2の余りを代入するために、余りを返す「%」を用いて num1 % num2を num2に代入しています。したがって　ア　には num1 % num2が当てはまります。

---

num1 = tmp　num1に tmpを代入しています。tmpには上の操作を行う前の num2が代入されています。たとえば num1 = 378、num2 = 210なら、まず1回目の操作で num2 = 378 % 210 = 168、num1 = 210となります。2回目の操作で num2 = 210 % 168 = 42、num1 = 168となります。3回目の操作で num2 = 168 % 42 = 0、num1 = 42となります。num2 = 0となったのでここで操作が終了します。

もし イ num1 == 1ならば：表示する（"互いに素です"）　上記の繰り返し操作を行った結果、num1には最初の num1と num2の最大公約数が代入されることになります。num1と num2の最大公約数によって条件分岐を行いたいため、　イ　には num1が入ります。最大公約数が1であれば num1と num2は互いに素ですので、「互いに素です」と表示します。

そうでなければ：表示する（"互いに素ではありません"）　最大公約数が1以外の場合は num1と num2は、その最大公約数で割り切れるので「互いに素ではありません」と表示します。

プログラミング〜二分探索の検索回数〜

次の文章を読んで、以下の問題に答えなさい。

　要素が昇順にソートされた配列 Numbers 内に特定の数字 num があるかどうかを二分探索で調べ、その時の検索回数を返すプログラムを考える。ただし、num が Numbers の中に存在しない場合は 0 を返す。たとえば、Numbers が [14, 25, 39, 42, 63] の時、num が 39 であれば 1 を、num が 41 であれば 0 を返す。このようなプログラムは以下の通りになる。

```
(1)  num = 【外部からの入力】
(2)  Numbers = 昇順にソートされた自然数の配列
(3)  count = 1
(4)  low = 0
(5)  high = 要素数(Numbers)-1
(6)  i = (low + high) ÷ 2
(7)  high >= low and Numbers[i] != num の間繰り返す:
(8)      もし Numbers[i] < num ならば:
(9)          low = ［ ア ］
(10)     そうでなければ:
(11)         high = ［ イ ］
(12)     i = (low + high) ÷ 2
(13)     count = count + 1
(14) もし ［  ウ  ］ ならば:
(15)     表示する("0")
(16) そうでなければ:
(17)     表示する(count)
```

関数の説明

　要素数(配列)・・・配列の要素数を返す

　例:Data=[1,2,3,4,5,6,7,8,9] のとき、**要素数**(Data) は 9 を返す

問1 空欄 ［ ア ］ 〜 ［ ウ ］ に入るコードとして適切な組み合わせを表から選びなさい。

	ア	イ	ウ
⓪	i + 1	i - 1	high > low
①	i + 1	i - 1	high == low
②	i + 1	i - 1	high < low
③	i - 1	i + 1	high > low
④	i - 1	i + 1	high == low
⑤	i - 1	i + 1	high < low

☑ 解説

繰り返し、条件分岐を使って二分探索の検索回数を求める問題です。

num =【外部からの入力】　num は二分探索される数字を表します。今回は説明のため、num = 14とします。

Numbers = 昇順にソートされた自然数の配列　Numbers は二分探索の対象となる自然数の配列を表します。今回は説明のため、Numbers = [10, 14, 25, 47, 59, 63, 77, 89, 90] とします。

count = 1　count は検索回数を表します。初期値として1を代入します。

low = 0　low は検索範囲の左側の要素を表します。初期値として0を代入します。

high = 要素数 (Numbers) -1　high は検索範囲の右側の要素を表します。初期値として Numbers の要素数 -1（今回は8）を代入します。

i = (low + high) ÷ 2　i は検索範囲の真ん中の要素を表します。今回だと low = 0、high = 8なので、i = 4となります。

（1回目の検索時）

要素番号	0	1	2	3	4	5	6	7	8
Numbers（配列）	10	14	25	47	59	63	77	89	90
	low				i				high

high >= low and Numbers[i] != num の間繰り返す：　この条件を満たす間、次の操作を繰り返します。

もし Numbers[i] < num ならば：low = ア i + 1　この条件を満たすならば、i よりも右側に num があることになるので、low を i + 1の位置に変更します。

そうでなければ：high = イ i – 1　この条件を満たすならば、i よりも左側に num があることになるので、high を i - 1の位置に変更します。

i = (low + high) ÷ 2　low もしくは high が更新されたので、i も更新します。

count = count + 1　ここで1回分の検索が終了したので count に1を足します。

（2回目の検索時）

要素番号	0	1	2	3	4	5	6	7	8
Numbers（配列）	10	14	25	47	59	63	77	89	90
	low	i		high					

この段階で Numbers[i]==num となっていますので、繰り返し条件から抜けます。

もし ウ high < low ならば：表示する（"0"）　この条件が当てはまるということは、Numbers[i]==num となる i が存在しなかったことになるので0を表示します。

そうでなければ：表示する (count)　そうでなければ Numbers[i]==num となる i があったことになるので、検索回数の count を表示します。

プログラミング～トランプ勝負～

次の文章を読んで、以下の問題に答えなさい。

AとBの2人で以下のトランプゲームを1回だけ行う。

> 52枚のトランプから1枚ずつ引いて見せ合い、数の大きい人が勝ちとなる。数が同じ場合は、スペード、ハート、ダイヤ、クラブの順で強いものとする。

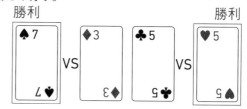

このゲームの勝利を判定するプログラムを考える。Cardsには0～51までの数が格納されており、Cards = [0,1,2……50,51] と定義される。0～12をクラブの1～13、13～25をダイヤの1～13、26～38をハートの1～13、39～51をスペードの1～13と考える。ただし、random(n,m) は n 以上 m 以下の整数をランダムに返す関数である。

```
(1)  rand = random(0,51)
(2)  aCard = Cards[rand]
(3)  削除 (Cards,Cards[rand])
(4)  bCard = Cards [   ア   ]
(5)  もし aCard   イ   13 > bCard   イ   13 ならば：
(6)  │   表示する（"Aの勝利です"）
(7)  そうでなくもし aCard   イ   13 < bCard   イ   13 ならば：
(8)  │   表示する（"Bの勝利です"）
(9)  そうでなければ：
(10) │   もし aCard   ウ   13 > bCard   ウ   13 ならば：
(11) │  │   表示する（"Aの勝利です"）
(12) │  そうでなくもし aCard   ウ   13 < bCard   ウ   13 ならば：
(13) └  └   表示する（"Bの勝利です"）
```

関数の説明

　削除（配列 , 数値）･･･配列の中の数値の要素を削除する

　例 :Data=[1,2,3]、hensu = 2のとき、**削除** (Data,hensu) を実行すると Data は [1,3] となる

問1 空欄 ア ～ ウ に入るコードとして適切な組み合わせを表から選びなさい。

	ア	イ	ウ
⓪	rand	%	÷
①	rand	÷	%
②	random(0,51)	%	÷
③	random(0,51)	÷	%
④	random(0,50)	%	÷
⑤	random(0,50)	÷	%

解答　**問1**　④

☑ 解説

条件分岐をテーマにした問題です。

rand = random(0,51)　0 〜 51の中からランダムに1つ数を選びます。この数を使って次の行で1人目のカードを定義します。

aCard = Cards[rand]　aCard は1人目のカードを表します。前の行で定義した rand を用いて Cards の要素を選びます。

削除 (Cards,Cards[rand])　2人のプレイヤーが同じカードになることがないよう、Cards から1人目のカードを除いておきます。

bCard = Cards[ア random(0,50)]　bCard は2人目のカードを表します。前の行で Cards の要素数は51個になっているため、0 〜 50 からランダムな要素を選択します。したがって、 ア には random(0,50) が入ります。

もし aCard イ ％ 13 > bCard イ ％ 13ならば：表示する（"A の勝利です"）「％」は整数の割り算の余りを返す演算子です。aCard や bCard を13で割った余りに1を足したものがカードの数字になります。たとえば aCard = 27（ハートの2）、bCard=45（スペードの7）であれば、27%13=1、45%13=6なので、それぞれに1を足せばカードの数字を表すことが分かります。したがって、13で割った余りの大きい方が数が大きく、勝利になります。「A の勝利です」と表示するには aCard を13で割った余りが bCard を13で割った余りより大きければ良いので、 イ には ％ が入ります。

そうでなくもし aCard イ ％ 13 < bCard イ ％ 13ならば：表示する（"B の勝利です"）　前の条件でなく、この条件を満たす場合は「B の勝利です」と表示します。

そうでなければ：　上記2つの条件をいずれも満たさないのであれば、aCard と bCard をそれぞれ13で割った余りが同じ、すなわちカードの数字が同じということになります。この時はマークで勝敗が決まるので以下の条件分岐に入ります。

もし aCard ウ ÷ 13 > bCard ウ ÷ 13ならば：表示する（"A の勝利です"）「÷」は整数の割り算の商を返す演算子です。マークの強さで勝敗を決めるので、aCard、bCard が何のマークであるか調べる方法を考えます。クラブ（0 〜 12）を13で割った商は0、同様にダイヤ（13 〜 25）、ハート（26 〜 38）、スペード（39 〜 51）を13で割った商はそれぞれ1、2、3となります。つまり、aCard、bCard をそれぞれ13で割った商がマークを表すということです。よって、 ウ には÷が入ります。

そうでなくもし aCard ウ ÷13 < bCard ウ ÷13ならば：表示する（"B の勝利です"）前の条件でなく、この条件を満たす場合は「B の勝利です」と表示します。

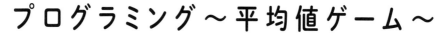

鉄板 072

重要度 ②

プログラミング 〜平均値ゲーム〜

次の文章を読んで、以下の問題に答えなさい。

n 人で以下のゲームを行うことを考える。

> プレイヤーがそれぞれ 1 〜 100 の中で好きな数を一つずつ選ぶ。それらの数の平均値に最も近い人が勝利となる。

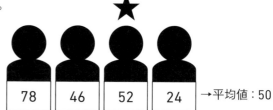

| 78 | 46 | 52 | 24 |

→平均値：50

任意の人数のプレイヤーでこのゲームを行ったときの勝利したプレイヤーを表示するプログラムを考える。各プレイヤーが選んだ数を格納した配列 Numbers を用いると以下の通りになる。

```
(1)  sum = 0
(2)  i を 0 から 要素数 (Numbers)-1 まで 1 ずつ増やしながら繰り返す：
(3)  └ sum = sum + Numbers[i]
(4)  average = sum / 要素数 (Numbers)
(5)  Score = []
(6)  i を 0 から 要素数 (Numbers)-1 まで 1 ずつ増やしながら繰り返す：
(7)  └ 挿入 (Score , 絶対値 ( ┌─ ア ─┐ ))
(8)  minScore = 100
(9)  Winners = []
(10) i を 0 から 要素数 (Score)-1 まで 1 ずつ増やしながら繰り返す：
(11) │  もし minScore > Score[i] ならば：
(12) │  │  ┌─ イ ─┐
(13) │  │   Winners = [i]
(14) │  そうでなくもし minScore == Score[i] ならば：
(15) └  └ 挿入 (Winners , i)
(16) i を 0 から 要素数 (Winners)-1 まで 1 ずつ増やしながら繰り返す：
(17) └ 表示する (Winners[i]+1 , "番目のプレイヤーが勝利です")
```

関数の説明

要素数（配列）・・・ 配列の要素数を返す

例 :Data=[1,2,3,4,5,6,7,8,9] のとき、**要素数** (Data) は 9 を返す

挿入（配列 , 数値）・・・ 配列の最後に数値を挿入する

例 :Data[1,2,3]、hensu=10 のとき、**挿入** (Data,hensu) は [1,2,3,10] となる

絶対値（数値）・・・ 数値の絶対値を返す

例 :hensu=-3 のとき、**絶対値** (hensu) は 3 を返す

問1 空欄 ┌─ ア ─┐ に入るコードとして適切なものを答えなさい。

問2 空欄 ┌─ イ ─┐ に入るコードとして適切なものを答えなさい。

| 解答 | 問1 ア：Numbers[i]-average （average-Numbers[i] でも可）
問2 イ：minScore = Score[i] |

☑ 解説

繰り返しをテーマにした問題です。

---

sum = 0　合計を意味します。初期値として0を代入しています。

---

i を 0 から要素数 (Numbers)-1 まで 1 ずつ増やしながら繰り返す：　i を 0 から Numbers の要素数 -1 まで 1 ずつ増やしながら、次を繰り返します。i は Numbers の要素を表しています。

---

sum = sum + Numbers[i]　sum に sum+Numbers[i] を代入します。

---

average = sum / 要素数 (Numbers)　average に sum/（Numbers の要素数）を代入することで average には Numbers の平均値が格納されます。

Score = []　Score には Numbers の各数の平均との差を格納していきたいので、初期値として空の配列を代入しています。

---

i を 0 から要素数 (Numbers)-1 まで 1 ずつ増やしながら繰り返す：　i を 0 から Numbers の要素数 -1 まで 1 ずつ増やしながら、次を繰り返します。i は Numbers の要素を表しています。

挿入 (Score, 絶対値 (ア Numbers[i]-average))　Score には Numbers の各数の平均との差 Numbers[i]-average の絶対値を格納していきたいので、｜　ア　｜には Numbers[i]-average が入ります。

---

minScore = 100　minScore は Score の中での最小値を表します。初期値として100を代入しています。

Winners = []　Winners は勝利プレイヤーの要素を格納していきたいので、初期値として空の配列を代入しています。

---

i を 0 から要素数 (Score)-1 まで 1 ずつ増やしながら繰り返す：　i を 0 から Score の要素数 -1 まで 1 ずつ増やしながら、次を繰り返します。i は Score の要素を表しています。

もし minScore > Score[i] ならば：　minScore より Score[i] が小さければ最小値が更新されるので以下の操作を行います。

---

minScore = Score[i]　Score[i] が最小値なので minScore を更新します。したがって、｜　イ　｜には minScore = Score[i] が入ります。

Winners = [i]　Score[i] が最小値ということは i がその時点でトップとなるので Winners に i を格納します。

そうでなくもし minScore == Score[i] ならば：挿入 (Winners,i)　minScore と Score[i] が同じとき、i は同じくトップなので、Winners に i を加えます。

---

i を 0 から要素数 (Winners)-1 まで 1 ずつ増やしながら繰り返す：　i を 0 から Winners の要素数 -1 まで 1 ずつ増やしながら、次を繰り返します。i は Winners の要素を表しています。

表示する (Winners[i]+1, "番目のプレイヤーが勝利です")　Winners に格納されている番号 +1 のプレイヤーが勝利なので、その値と「番目のプレイヤーが勝利です」を表示します。

プログラミング〜レジの待ち時間のシミュレーション〜

次の文章を読んで、以下の問題に答えなさい。

　一つのレジでの待ち時間をシミュレーションすることを考える。1 人の客について、レジに並び始める時刻を arrival、レジ対応が始まる時刻を start、レジ対応時間を service、レジが終わる時刻を end とする。下図のように、直前の客の end の時刻がその次の客の arrival の時刻より早ければ arrival の時刻が start の時刻となり、そうでなければ直前の客の end の時刻が次の客の start の時刻となる。

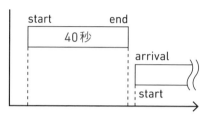 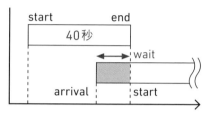

　この時のレジの待ち時間を start - arrival として待ち時間の配列 Wait に格納する。service=40（秒）、客は 1 〜 60 秒のランダムな間隔でレジに並び始めるとして、100 人分の待ち時間をシミュレーションするプログラムは以下のようになる。ただし、random(n,m) は n 以上 m 以下の整数をランダムに返す関数である。

```
(1)  arrival = 0
(2)  start = 0
(3)  end = 0
(4)  Wait = []
(5)  service = 40
(6)  i を 1 から 100 まで 1 ずつ増やしながら繰り返す:
(7)  │  arrival = arrival + random(1,60)
(8)  │  もし end <= arrival ならば:
(9)  │  │  start = [ ア ]
(10) │  そうでなければ:
(11) │  └  start = [ イ ]
(12) │  end = [ ウ ]
(13) └  挿入 (Wait , start-arrival)
```

関数の説明

　挿入（配列 , 数値）・・・配列の最後に数値を挿入する

　例 :Data[1,2,3]、hensu=10 のとき、**挿入** (Data,hensu) は [1,2,3,10] となる

問1 空欄 [ア] 〜 [ウ] に入るコードとして適切な組み合わせを次の中から選びなさい。

⓪ ア end 　　イ arrival 　ウ start + service 　① ア end 　　　イ arrival 　ウ start - service

② ア arrival 　イ end 　　　ウ start + service 　③ ア arrival 　イ end 　　ウ start - service

☑ 解説

繰り返し、条件分岐を使ってレジの待ち時間をシミュレーションする問題です。

---

arrival = 0　arrival は客のレジへの到着時刻を表します。初期値として0を代入しています。

---

start = 0　start はレジの対応が始まる時刻を表します。初期値として0を代入しています。

---

end = 0　end はレジの対応が終わる時刻を表します。初期値として0を代入しています。

Wait = []　Wait は客の待ち時間を格納する配列です。初期値として空の配列を代入しています。

---

service = 40　service はレジの対応時間を表します。今回はレジ対応に40秒かかるとしてシミュレーションしています。

---

i を 1 から 100 まで 1 ずつ増やしながら繰り返す：　今回は100人の客について待ち時間をシミュレーションするので、下記の操作を100回行います。

---

arrival = arrival + random(1,60)　今回は1から60秒の間に客がレジにやってくるので、arrival に1から60のうちランダムな数を加えています。

もし end <= arrival ならば：start = ア arrival　この時点で end には1つ前の客のレジ対応が終わる時刻が代入されています。end が arrival 以下であれば客は arrival と同時刻にレジ対応が始まるので start に arrival を代入します。したがって ア には arrival が入ります。

そうでなければ：start = イ end　end が arrival より大きいのであれば客の待ち時間が発生します。レジ対応が始まるのは、前の客のレジ対応が終わる時刻すなわち end なので イ には end が入ります。

---

end = ウ start + service　客のレジ対応が終わる時刻を end に代入します。レジ対応開始時刻の start にレジの対応時間である service を足せばよいので、 ウ には start + service が入ります。

挿入 (Wait , start-arrival)　1人の客に関して、start - arrival が待ち時間を表すので、Wait に start-arrival を加えます。

> プログラムにおいて、1から60までの範囲でランダムな整数を生成する関数をrandom（1,60）と表現することがあるんだね。乱数は、抽選、人生ゲーム、交通量、モンテカルロ法など、多くのシミュレーションに使用されるよ！

プログラミング〜渋滞距離のシミュレーション〜

次の文章を読んで、以下の問題に答えなさい。

次の条件で信号待ちでの車の渋滞距離をシミュレーションすることを考える。

- ・次の車 (nextCar) は 1 〜 10 秒の間隔でランダムに来る
- ・車線は 1 つで、車 1 台につき、渋滞距離 (distance) が 3m 伸びるとする
- ・青信号 (blue) と赤信号 (red) は 60 秒ごとに切り替わるものとして、青信号のときは 5 秒に 1 台の車が通過する

1 時間後までの渋滞距離 (distance) を 1 秒ごとに格納した List を表示するプログラムは以下の通りである。ただし、random(n,m) は n 以上 m 以下の整数をランダムに返す関数である。

```
(1)  distance = 0
(2)  nextCar = random(1,10)
(3)  color = "red"
(4)  List = []
(5)  time を 1 から 3600 まで 1 ずつ増やしながら繰り返す:
(6)  │  もし nextCar == time ならば:
(7)  │  │  distance = distance + 3
(8)  │  └ nextCar = ┌  ア  ┐
(9)  │  もし color == "blue" ならば:
(10) │  │  もし time % 5 == 0 and distance > 0 ならば:
(11) │  └ └ distance = ┌  イ  ┐
(12) │  もし time % 60 == 0 ならば:
(13) │  │  もし color == "blue" ならば:
(14) │  │  │  color = "red"
(15) │  │  そうでなければ:
(16) │  └ └ color = "blue"
(17) └ 挿入 (List , distance)
(18) 表示する (List)
```

関数の説明

　挿入（配列 , 数値）・・・配列の最後に数値を挿入する

　例 :Data[1,2,3]、hensu=10 のとき、**挿入** (Data,hensu) は [1,2,3,10] となる

問1 空欄 ┌ ア ┐ と ┌ イ ┐ に入るコードとして適切なものをそれぞれ書きなさい。

問1 ア：nextCar + random(1,10)　イ：distance − 3

解説

繰り返し、条件分岐を使って渋滞距離をシミュレーションする問題です。

distance = 0　distance は渋滞の距離を表します。初期値として0を代入しています。

nextCar = random(1,10)　nextCar は次の車が来る時刻を表します。1台目の車は1〜10秒の間に来るので、random(1,10) を代入します。

color = "red"　color は信号機の色を表します。初期値として "red" を代入しています。

List = []　List は1秒ごとの distance（距離）が格納されていきます。初期値として空の配列を代入しています。

time を1から3600まで1ずつ増やしながら繰り返す:　time は計測開始からの時間を表します。今回は1時間（=3600秒）での渋滞をシミュレーションするので、time を3600（秒）まで増やします。

もし nextCar == time ならば:　nextCar と time が等しいのであれば以下の操作に入ります。

distance = distance + 3　nextCar と time が等しければ新しい車が来るので、distance に車1台分の距離である3を足します。

nextCar = ア nextCar + random(1,10)　次の車が来る時間を求めるために nextCar に1〜10からランダムな数を足します。したがって　ア　には nextCar + random(1,10) が入ります。

もし color == "blue" ならば:　color が "blue" であれば以下の操作を行います。

もし time % 5 == 0 and distance > 0ならば:　color が blue であれば、5秒に1台が通過するので、time が5の倍数かどうかで条件分岐させます。distance が0であれば通過する車がいないので、distance > 0 という条件も加えています。

distance = イ distance − 3　上記の条件を満たすならば、車が1台通過するので、車1台分の3を distance から引きます。したがって、　イ　には distance − 3が入ります。

もし time % 60 == 0ならば:　信号の色は60秒ごとに変わるので、time が60の倍数かどうかで場合分けをします。

もし color == "blue" ならば:color = "red"　もし color が blue なのであれば red に変えます。

そうでなければ:color = "blue"　もし color が red なのであれば blue に変えます。

挿入 (List , distance)　このときの distance を List に加えていきます。List には3600秒分の distance が格納されます。

表示する (List)　最後に List を表示します。

量子コンピュータ

鉄板
075
重要度 1

問1 空欄 [ア] から [エ] に当てはまる言葉をそれぞれ答えなさい。

　初期のコンピュータとして、第二次世界大戦中に砲弾の弾道を計算するために設計された、大規模な電子計算機である [ア] があります。プログラム内蔵方式のコンピュータではなかったので、ある計算を実行するためには、物理的なスイッチや配線を手作業で変更する必要がありました。また、記憶装置がほとんどなく、主に即時計算に使われました。これは、現代のコンピュータがソフトウェアによって柔軟に操作でき、多様なタスクを並列に処理する能力を持つのとは対照的です。現代のコンピュータでは、各回路での処理や動作を行うタイミングをコントロールするために用いられる信号を単位時間あたり何回発振するかを表す値である [イ] を高めることで、処理速度を上げていました。しかし、これには限界があるため、1つのCPU内にプロセッサコアが2つ以上ある [ウ] という手法が用いられるようになりました。また、次に実行する命令のメモリ番地を管理するレジスタである [エ] の値によって次に実行する命令を決定し、メモリとレジスタを活用して演算を行います。一方で、全く異なる性質をつ❹量子コンピュータの計算能力の飛躍的な向上により、AIの学習速度も向上し、シンギュラリティ（技術的特異点）の到来が近づいているともいわれています。

問2 問1の下線部❹について正しく説明しているものは次のうちどれか。

　⓪ キュビット使用で多数の計算が可能。

　① 常に0または1の状態を持つ。

　② 計算速度は古典的なコンピュータより遅い。

　③ キュビット使用で計算が複雑になる。

解答
問1 ア エニアック　イ クロック周波数　ウ マルチコア　エ プログラムカウンタ
問2 ⓪

☑ **解説**

問1,2 「エニアック（ENIAC）」は、10進数を利用した電子式デジタルコンピュータです。従来のコンピュータは、「クロック周波数」を高めることで処理速度を上げていましたが、発熱による限界から、複数のプロセッサ（コア）を搭載し並列に動作させる「マルチコア」が用いられるようになりました。現代のコンピュータはメモリとレジスタがデータと命令をやりとりします。実行すべき命令が入っているアドレス（メモリ上の番地）を記憶しておくためのレジスタを「プログラムカウンタ」と呼び、命令を取り出した後は、プログラムカウンタの値を加算することで、命令の実行後に次の命令を参照できる状態にします。一方で「量子コンピュータ」は、古典的なビット（0または1の状態を持つ）の代わりに、キュビットという、0と1の状態を同時に持つことができる量子力学の性質（重ね合わせの原理）を利用します。これにより、量子コンピュータは同時に多数の計算を高速で行うことが可能となります。

Web API の活用

あなたがスマホのアプリケーション（アプリ）を作るとき、「Web API（Web Application Programming Interface)」を利用すると、アプリに新しい機能を内蔵させることができます。自分1人でプログラムを作るより、すでに誰かが作った機能を内蔵させる方が、早く、高性能なアプリを作ることができます。

Web API を用いれば、特定の情報や機能を持つ外部サービスを、自分のアプリケーションに組み込むことができます。たとえば、天気情報を提供するサービスが Web API を公開している場合、その Web API をあなたのスマートフォンアプリに組み込むことで、アプリ内から直接天気情報を取得し、表示することが可能になるのです。

Web API の活用手順 天気情報取得の例

1. API の選定

まず、天気情報を提供する信頼できるサービスを見つけます。

2. API キーの取得

多くの Web API は、「API キー」と呼ばれる特定の認証キーを使用してアクセスを管理しています。API キーは、サービスのウェブサイトでアカウントを作成し、API を使用するための申請を行うことで取得できます。

3. アプリケーションの開発

アプリケーションのコード内で、API にリクエストを送信する処理を実装します。

4. データの表示と活用

API から受け取った天気情報をアプリケーション内で適切に表示します。

5. アプリケーションのテストと公開

開発したアプリケーションをテストし、問題がなければアプリストアに公開します。ユーザはあなたのアプリをダウンロードし、天気情報を手軽に確認できるようになります。

Web API のメリット

・効率性

API を利用することで、開発者は既存のデータやサービスを再利用でき、開発時間とコストを削減できます。

・多様性

さまざまな API を組み合わせることで、ユニークで多機能なアプリケーションを作成できます。

・最新性

API を通じて提供される情報はリアルタイムで更新されるため、常に最新のデータをアプリケーションに反映できます。

レジスタの仕組み

コンピュータの「レジスタ」は、高速でアクセス可能な小容量の記憶領域です。これらは、プロセッサ内部に存在し、コンピュータの中核部分である中央演算処理装置（CPU）が直接アクセスできます。レジスタは、コンピュータが実行中のプログラムに関連するデータや命令を一時的に保持するために使用されます。

レジスタの役割

1. データ保持

最も基本的な機能は、計算や操作に必要なデータを一時的に保持することです。

2. 命令実行

プログラムからの命令を受け取り、それらを順序どおりに処理します。

3. 速度向上

CPU とメモリ間の通信速度に大きな違いがあるため、レジスタはこのギャップを埋め、高速なデータアクセスを実現します。

CPU とレジスタのやり取りの流れ

1. 命令フェッチ

CPU はプログラムから命令を読み込み、命令レジスタに格納します。

2. デコード

CPU は命令レジスタの内容を解析し、実行するための準備を行います。

3. 実行

CPU は必要に応じてデータレジスタやアドレスレジスタからデータを読み取り、演算を行います。

4. 書き込み

演算結果は再びレジスタに書き戻され、次の命令の実行に移ります。

このプロセスにおいて、レジスタは CPU の演算速度と効率を大きく高める役割を果たしています。レジスタは非常に高速な記憶領域であるため、CPU はメインメモリよりも迅速にデータにアクセスでき、プログラムの実行を高速化します。

> **レジスタがCPUの演算速度と効率を高める理由は、データの取り出し速度の速さだけではなく、位置の近さにもあるよ。レジスタはCPU内部に直接組み込まれているから、CPUはメモリや他のストレージよりもはるかに高速にレジスタにアクセスできるんだ。**

第4章

情報通信
ネットワークと
データの活用

コンピュータネットワーク

問1 空欄 [ア]、[イ] に当てはまる言葉をそれぞれ答えなさい。

コンピュータネットワークは、コンピュータや通信機器が接続されてデータをやり取りするためのシステムです。たとえば、飲食店や交通機関などで多くの人が利用できるように用意されている [ア] やフリー [イ]、無線（ワイヤレス）で❹LAN に

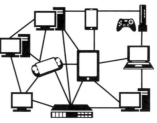
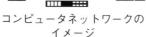

コンピュータネットワークの
イメージ

インターネットの
イメージ

接続する [イ] はコンピュータネットワークの一種であり、特定の範囲内でのデータ通信を可能にします。さらに定義を拡大した❺情報通信ネットワークという概念も存在します。

問2 問1の下線部❹について、正しく説明しているものは次のうちどれか。
⓪ インターネットに接続するための通信機器。
① 家庭内や社内など限られた範囲で接続されたネットワーク。
② 膨大な量の通信を可能にするシステム。
③ データの送受信を高速化することができるデバイス。

問3 問1の下線部❺について、正しく説明しているものは次のうちどれか。
⓪ コンピュータ間でデータをやり取りするための小規模なネットワーク。
① デジタル情報を物理的に転送するためのネットワーク。
② 電話やインターネットなどの通信サービスを提供するための広範なネットワーク。
③ 複数の機器を無線の通信回線で接続するための広範なネットワーク。

解答 **問1** ア 公衆無線 LAN　イ Wi-Fi　**問2** ①　**問3** ②

☑ **解説**

問1「Wi-Fi」とはパソコンやスマホ、ゲーム機など、さまざまな端末を無線で接続する「無線 LAN」の規格のことです。Wi-Fi を利用するには、インターネット回線と無線 LAN ルータが必要です。

自由に Wi-Fi を利用することができるスポットのことを「公衆無線 LAN」や「フリー Wi-Fi」といいます。ただし、公衆無線 LAN は多くの人が利用しているのでセキュリティに注意が必要です。通信内容の盗聴や情報の窃取のリスクがあります。

問2「LAN」は、「Local Area Network」の略です。

問3「情報通信ネットワーク」は、様々な通信サービスを統合した広範囲のネットワークのことを指します。機器の接続にあたっては、有線・無線の両方が使われます。

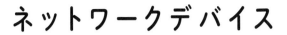

ネットワークデバイス

問1 空欄 [ア] に当てはまる言葉を答えなさい。

情報通信ネットワークの一部として、私たちは様々なデバイスに接続して通信を行います。これらのデバイスの一つに、[ア] があります。[ア] は複数のコンピュータやネットワークデバイスを接続するための装置で、一つのポートに入力された信号を他のすべてのポート、または特定のポートに送信します。その他にも、❶ルータや❷アクセスポイントといった装置があります。それぞれのデバイスは、ネットワーク上で特定の役割を果たします。

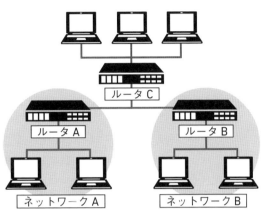

問2 問1の下線部❶・❷について、正しく説明しているものは次のうちそれぞれどれか。

⓪ データを一つのポートから他のすべてのポートに送信する装置。

① データパケットを適切なルート（経路）を選んで送信する装置。

② ネットワークとユーザ間のセキュリティを確保する装置。

③ データを高速に処理し、それをストレージに保存する装置。

④ 無線 LAN において、有線のネットワークと無線のネットワークを橋渡しする装置。

解答 **問1** ハブ **問2** ❶ ① ❷ ④

☑ **解説**

問1 「ハブ」は集線装置の一つで、信号を接続されたすべての「ポート」に送信します。また、ハブの中には信号を特定のアドレスにだけ送る「スイッチングハブ」（一般的には「スイッチ」と呼ぶ）もあります。

問2 「ルータ」は、ネットワーク間で情報を転送するための主要なデバイスで、その機能によりインターネットが機能します。接続先から受信したデータ（「パケット」）を解析し、IP の制御情報を基に様々な制御を行います。中でも重要な処理は「ルーティング」です。これはパケットの宛先 IP アドレスから適切な経路を選択し、隣り合った機器の中から転送すべき機器を決定して送信する処理です。

アクセスポイントにより、Wi-Fi に対応しているデバイスがインターネットに接続することが可能となります。アクセスポイントは「親機」、「ステーション」、「基地局」などと呼ばれることもあります。

なお、「無線 LAN ルータ」は、ルータとアクセスポイントの両方の役割を果たす製品です。

情報社会の問題解決

情報デザイン

コンピュータとプログラミング

情報通信ネットワークとデータの活用

ネットワークに接続する仕組み

問1 空欄 [ア] から [ウ] に当てはまる言葉をそれぞれ答えなさい。

　パソコンから海外のサーバに接続するとき、パソコンはまず回線と [ア] の間に立って橋渡しをしてくれる [イ]、通称🅐プロバイダを通して接続します。その際、データの送信元や送信先を識別する [ウ] がパソコンに割り当てられます。そして、そのパソコンの情報は、🅑WAN を介して [ア] へ送られます。

問2 問1の下線部🅐について、正しく説明しているものは次のうちどれか。

　⓪ 世界中のコンピュータを繋げる役割を持つネットワーク。

　① 一般の利用者がインターネットに接続するためのサービスを提供する企業。

　② パソコンがインターネットに接続する際に割り当てられる固有の番号。

　③ パソコンと外部のネットワークを繋ぐハードウェア装置。

問3 問1の下線部🅑について、正しく説明しているものは次のうちどれか。

　⓪ パソコンから直接接続するネットワーク。

　① 建物内の短距離でしか接続できないネットワーク。

　② プロバイダとインターネットを繋げるネットワーク。

　③ 広範囲をカバーし、都市間や国間を繋げるネットワーク。

解答　**問1** ア インターネット　イ ISP　ウ IP アドレス　**問2** ①　**問3** ③

☑ **解説**

問1「プロバイダ」は「ISP（インターネットサービスプロバイダ）」とも呼ばれ、一般の利用者がインターネットに接続するためのサービスを提供します。ISP から「IP アドレス」がスマートフォンなどのデバイスに割り当てられます。その後、そのパソコンの情報は

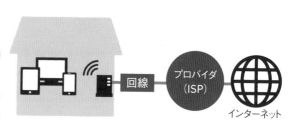

「WAN（広域ネットワーク）」を介してインターネットへと送られます。ここでは、WAN の役割が大きく、地理的に広範囲なネットワークを繋げて通信を可能にしています。「インターネット」は、家や会社、学校などのネットワークがさらに外のネットワークともつながるようにした仕組みです。これは世界規模でコンピュータ同士が接続されているので、最も大きいネットワークといえます。

問2「プロバイダ」は、一般の利用者がインターネットに接続するためのサービスを提供する企業です。したがって、選択肢①が最も適しています。

問3「WAN（広域ネットワーク）」は、名前の通り広範囲をカバーするネットワークで、都市間や国間を繋げることが可能です。したがって、選択肢③が最も適しています。

データの送信とセキュリティ

問1 空欄 [ア] から [ウ] に当てはまる言葉をそれぞれ答えなさい。

インターネット上でデータを送信するとき、[ア] という方式でデータを小分けにして送ります。この小分けにされたデータを [イ] と呼びます。一方で、電話などで利用される 🅐 回線交換方式 という方式もあります。また、私たちは仮想的に専用ネットワークで接続できる [ウ] を使用してデータ送信のセキュリティを確保することができます。

データ送信における標準規格にはさまざまなものがあり、たとえば、電子・電気・通信技術の国際的な標準化団体である IEEE が策定した、🅑 IEEE 802.11 などがあります。

問2 問1の下線部🅐について、正しく説明しているものは次のうちどれか。

⓪ 通信路を確保し一度確保した通信路を通信が終わるまで使い続ける方式。

① データを小さなパケットに分けて送信する方式。

② ネットワーク上で一部の通信路を一定時間だけ確保する方式。

③ 通信中は通信路を他の通信に利用できる状態で、一対一の通信を行う方式。

問3 問1の下線部🅑について、正しく説明しているものは次のうちどれか。

⓪ 有線 LAN のための技術標準の規格。

① インターネットの通信プロトコルの技術標準の規格。

② 無線 LAN のための技術標準の規格。

③ 5G 通信のための技術標準の規格。

解答 **問1** ア パケット交換方式　イ パケット　ウ VPN　**問2** ⓪　**問3** ②

☑ **解説**

問1 「パケット交換方式」は、大量のデータでも確実に送受信することが可能となります。また、「VPN」は Virtual Private Network の略で、インターネット上で仮想的なプライベートネットワークを作り出す技術です。これにより、送受信するデータの安全性を確保することができます。

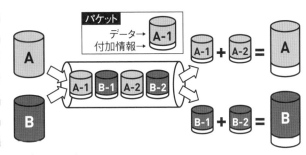

問2 「回線交換方式」では、通信中は通信路が他の通信に使用されず、その通信のためだけに確保されます。確実に送信先と通信できるという利点がありますが、送受信が行われていない間も通信路が確保されるため、リソースの無駄遣いになる可能性があります。

問3 「IEEE 802.11」は、米国電気電子学会で LAN 技術の標準を策定している 802 委員会によって 1997 年に策定されました。これにより、異なる製造元の無線 LAN 機器でも相互に通信することができます。

鉄板 080

重要度 3

セキュリティ技術とコンテンツ

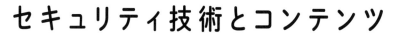

問1 空欄 [ア] から [ウ] に当てはまる言葉をそれぞれ答えなさい。

　現代ではセキュリティ技術が次々と生み出されています。たとえば**Ⓐ** パケットフィルタリングという技術により、セキュリティの向上が期待されます。任意の長さのデータを逆変換が困難な一定の長さのデータに変換する関数である [ア] は重要です。[ア] で生成された一意性のある [イ] はデータの指紋とも言われます。情報の安全性を確保するための新しい技術として、量子力学の原理を用いた新しい形の暗号技術である [ウ] も有名です。しかし、セキュリティは絶対ではなく、システム上の未知の脆弱性であるセキュリティホールが存在する可能性もあります。

　ネットワークの整備やセキュリティの向上とともに、様々なストリーミング配信サービスが普及し、**Ⓑ** ビンジ・ウォッチングのような選択肢も増えました。

問2 問1の下線部Ⓐについて、正しく説明しているものは次のうちどれか。
　⓪ コンテンツの閲覧を制限し自動再生を停止する技術。
　① データ通信量を減らすためのデータ圧縮技術。
　② ネットワーク上での不正な通信を遮断する手法。

問3 問1の下線部Ⓑについて、正しく説明しているものは次のうちどれか。
　⓪ インターネット上で特定の種類の画像だけを収集して見る行為。
　① 購買記録を整理して視覚化する行為。
　② 一度に多くの映像コンテンツを観る行為。

解答 **問1** ア ハッシュ関数　イ ハッシュ値　ウ 量子暗号　**問2** ②　**問3** ②

☑ **解説**

問1　「ハッシュ関数」は入力値に対して固定長のハッシュ値を生成する関数です。一見すると一貫性のない値ですが、特定のルールに基づいており、情報の一貫性確認やパスワードの保存などに使われます。「量子暗号」は量子力学の原理を用いた新しい形の暗号技術です。

問2　「パケットフィルタリング」は特定の条件（送信元・宛先の IP アドレスやポート番号など）を基に、パケットを遮断・許可する設定を行います。これにより、不正な通信を遮断してネットワークの安全性を高めることができます。あくまでもネットワークのフィルタリングです。

問3　「ビンジ・ウォッチング」はストリーミングサービスが普及した現代でよくみられる行為で、一定時間に大量のコンテンツを消費することからこう呼ばれています。

> 藤原は最近、ドラマやアニメにハマってるよ。
> 15時間ビンジ・ウォッチングして、フィギュアも
> 買ったよ。真似しないでね。

インターネットで使用されるプロトコル

問1 空欄 [ア] から [ウ] に当てはまる言葉をそれぞれ答えなさい。

　インターネット上で情報を送受信するためには、一連のプロトコル（プロトコルスイート）が必要となります。そのプロトコルの一つが [ア] です。[ア] は、複数の層から成り立っています。まず、最上位にあるのがアプリケーション層です。ここでは、プログラムが通信機能を使う場合の規格が決められています。次に、その下に位置するのが [イ] 層で、この層ではデータの送受信を管理します。その下には [ウ] 層があり、ここではネットワーク間の通信を制御します。そして最下位にネットワークインタフェース層があり、物理的な送受信を担当します。[ア] の他にも、Ⓐ UDP と呼ばれるプロトコルがあります。

　こうしたプロトコルを介して、コンピュータネットワークにおいて LAN を構成する最も主流な通信規格としてⒷ イーサネットがあります。

問2 問1の下線部Ⓐについて、正しく説明しているものは次のうちどれか。
　⓪ データ転送の信頼性を確保するためのプロトコル。
　① 送信相手に確認をせずにデータをやり取りするプロトコル。
　② 物理的な送受信を制御するための層。
　③ ネットワーク間の通信を制御するための層。

問3 問1の下線部Ⓑについて、正しく説明しているものは次のうちどれか。
　⓪ データの送受信を管理するネットワーク技術。
　① デバイス間の通信を制御するためのネットワーク技術。
　② 物理的な送受信を担当する有線のネットワーク技術。
　③ データ転送の信頼性を確保するためのネットワーク技術。

解答 　**問1** ア TCP/IP　イ トランスポート　ウ インターネット　**問2** ①　**問3** ②

☑ **解説**

問1 プロトコルとは、データ通信における規約のことです。「TCP/IP」がお互いにコネクションの確立要求を出し合い、データ送受信の準備をするのに対して、「UDP」は相手の状況を確認しません。

問2 「UDP」を使用することで高速なデータの送受信が可能となりますが、送信したデータが確実に相手方に届くかどうかは保証されません。

問3 「イーサネット」は一般的にローカルエリアネットワーク（LAN）で使用され、複数のデバイスを接続することが可能です。

情報社会の問題解決

情報デザイン

コンピュータとプログラミング

情報通信ネットワークとデータの活用

アドレスと認証

問1 空欄 [ア] から [ウ] に当てはまる言葉をそれぞれ答えなさい。

　インターネット上で情報を特定するための重要な要素には、**Ⓐ** URL、**Ⓑ** ドメイン名などがあります。たとえば、あるウェブサイトへアクセスするためには、ブラウザに URL を入力します。さらに、URL の一部であるドメイン名は、そのウェブサイトの所有者を表す [ア] によって一意に定義されます。

　インターネット上で本人確認を行う認証のための仕組みも存在します。2 つの同じ要素、または異なる要素を用いて段階を経て認証を行う方法を [イ] と呼びます。一方、異なる 2 つの要素を組み合わせて認証を行う方法を [ウ] と呼びます。

問2 問1の下線部Ⓐについて、正しく説明しているものは次のうちどれか。
　⓪ インターネット上の特定のリソースの位置を表す一意の識別子。
　① インターネット上の通信規約。
　② インターネットの検索エンジン。
　③ データベースの一種。

問3 問1の下線部Ⓑについて、正しく説明しているものは次のうちどれか。
　⓪ インターネットの接続速度を表す単位。
　① ウェブページを作成するための言語。
　② ハードウェアの一部。
　③ インターネット上の特定の場所を識別するための名前。

解答　**問1** ア IP アドレス　イ 二段階認証　ウ 二要素認証　**問2** ⓪　**問3** ③

☑ **解説**

問1　「二要素認証」や「二段階認証」はセキュリティを強化するための技術で、パスワードだけでなく、もう一つの異なる認証情報を必要とします。

認証のための3つの要素

知識
● パスワード、暗証番号
● 合言葉

所有
● スマホ、タブレット
● 鍵、印鑑
● 身分証明書、社員証、IC カード

生体
● 指紋、静脈
● 虹彩、顔

問2　「URL」は、Uniform Resource Locator の略で、統一資源位置指定子と呼ばれています。インターネット上の特定のリソースの位置を表すための一意の識別子であり、ウェブページのアドレスとしてよく知られています。また、使用するプロトコル（たとえば、http）、ドメイン名（サイトの場所）、パス（サイト内の特定の場所またはページ）など、リソースへの完全なパスを提供します。

問3　「ドメイン名」は、インターネット上の特定の場所を識別するための名前であり、「IP アドレス」を人間が読みやすい形式で表したものです。これにより、私たちはウェブサイトのアドレスを覚えやすい文字列として記憶でき、そのウェブサイトを簡単に探すことができます。

データの送受信の仕組み

問1 空欄 [ア] に当てはまる言葉を答えなさい。

インターネットに接続されたすべてのデバイスには、**Ⓐ** IPv4 と呼ばれるアドレスが割り当てられます。また、**Ⓑ** MAC アドレスというアドレスも存在します。しかし、これらのアドレスだけではデータの送受信は実現できません。データが目的地に到達するためには、特定の経路を通る必要があります。そして、この経路は経路制御（ルーティング）によって制御されます。そして、どの経路を通るべきかを示す情報が格納されているのが [ア] です。

問2 問1の下線部Ⓐ・Ⓑについて、正しく説明しているものは次のうちそれぞれどれか。

⓪ デバイスの物理的な位置を示すアドレス。
① インターネット上でデバイスを一意に特定するためのアドレス。
② デバイスの製造元を特定するためのアドレス。
③ データが通過する経路を決定するためのアドレス。
④ ローカルネットワーク上でデバイスを一意に特定するためのアドレス。

解答 **問1** ア ルーティングテーブル **問2** Ⓐ ① Ⓑ ④

☑ **解説**

問1 「ルータ」は経路の情報を決めている「ルーティングテーブル」というものを持っています。これはいわば経路表であり、これを参照することで目的地への最短ルートが分かるようになります。ルータは、内部ネットワークと外部ネットワークを接続するためのネットワーク機器（デフォルトゲートウェイ）の役割を担当します。たとえば、デバイス a からデバイス b にデータが送信される場合、まずデバイス a の近くのルータにデータが送信されます。それから、デバイス b の近くのルータに転送され、最後にデバイス b に届きます。このとき、ルータがデフォルトゲートウェイの役割を果たしていることになります。

問2 「IPv4」はデータが目的地に正確に到達するための重要な要素です。また、「MAC アドレス」は、ローカルネットワーク（たとえば、家庭内の Wi-Fi ネットワーク）上で各デバイスを一意に特定するためのアドレスです。これにより、ネットワーク内でデータが正確に送受信されます。

> 「IPv4」はインターネット上の各デバイスに割り当てられる32ビットの数値だよ。たとえば、192.168.1.1 みたいな。
> 一方で、「MACアドレス」はLANの内部でデバイスを区別するために使われることが多くて、コロン(:)またはハイフン(ー)で区切られた16進数で表される数値だよ。たとえば、00:1A:22:3F:44:B2 みたいな。
> IPv4はWANでもLANでも使われるけど、MACアドレスはLANの内部の小さいエリアで使うことが多いよ。

クライアントサーバシステム

問1 空欄 [ア]、[イ] に当てはまる言葉をそれぞれ答えなさい。

　インターネットでは、情報はウェブページの形式でやりとりされます。たとえば、ユーザが PC などのデバイスである [ア] を通じてインターネットに接続し、サーバに [イ] を送信します。その後、サーバは [イ] に応じたウェブページの情報をユーザのデバイスに送信します。このような [イ] とレスポンスのシステムは**Ⓐ クライアントサーバシステム**と呼ばれます。

問2 問1の下線部Ⓐについて、正しく説明しているものは次のうちどれか。

　　　⓪ クライアントがサーバからのレスポンスを別のクライアントと共有することができるネットワークシステム。

　　　① ユーザが直接サーバにリクエストすることで、レスポンス時間を短くしたネットワークモデル。

　　　② ネットワーク上の一つ以上のクライアントがサーバからサービスを受けるネットワークモデル。

　　　③ ユーザとサーバをクライアントが仲立ちすることで、サーバを容易に保護することが可能なネットワークモデル。

解答 　**問1** ア クライアント　イ リクエスト　**問2** ②

☑ **解説**

問1,2「クライアントサーバシステム」では、クライアントはサーバに対してリクエスト（要求）を送信し、サーバは適切なレスポンス（応答）を各クライアントに返します。クライアントサーバシステムは、かつての集中処理システム（一つの汎用機がすべての役割を担うシステム）に比べ、役割を分けることで、負荷を分散することが可能になりました。また、故障箇所の特定や部分的なシステム変更なども容易になっています。

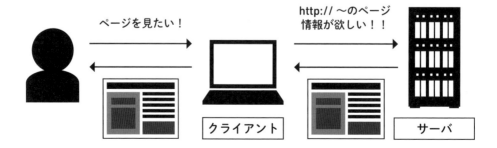

クライアントサーバシステムの具体例をいくつか挙げます。このシステムは、インターネット上で日常的に利用されている多くのサービスにおいて中心的な役割を果たしています。

① ウェブブラウジング

インターネットブラウザ（クライアント）を使用してウェブサイトにアクセスする場合、ブラウザはウェブサーバ（サーバ）にページのリクエストを送信し、サーバから HTML、CSS、JavaScript などのウェブページデータを受け取ります。たとえば、Google Chrome がクライアントで、あなたが訪れるウェブサイトがサーバに該当します。

② 電子メールシステム

電子メールクライアント（例：Microsoft Outlook）は、メールサーバ（例：Gmail のサーバ）に接続し、メールの送受信を行います。クライアントはメールの送信リクエストをサーバに送り、サーバはそれを処理して他の受信者に配信します。

③ オンラインバンキング

オンラインバンキングサービスでは、ユーザのデバイス（クライアント）が銀行のサーバに接続し、口座の確認、送金、請求書の支払いなどの取引を行います。セキュアなクライアントサーバ通信を通じて、これらの取引が実行されます。

④ ファイルストレージサービス

Dropbox や Google Drive などのクラウドベースのファイルストレージサービスもクライアントサーバモデルの一例です。ユーザはデバイスからクラウドサーバにファイルをアップロードし、必要に応じてそれらのファイルにアクセスします。

⑤ データベースサービス

企業や組織では、データベースサーバが大量のデータを保管し、クライアントアプリケーション（たとえば、顧客管理システム）からのデータのリクエストに応答します。

これらの例から分かるように、クライアントサーバシステムは現代のデジタル通信とサービスの基盤となっています。

> HTTP、SMTP など多くの通信プロトコルがクライアントサーバシステムの形式を採用しているよ。サーバに権限が集まる中央集権的な特性があるから、サーバのセキュリティが非常に重要。併せてファイアウォール、暗号化あたりの出題も考えられるね。

情報通信の技術

問1 空欄 [ア] から [ウ] に当てはまる言葉をそれぞれ答えなさい。

　情報通信技術には様々な規格や形式が存在します。たとえば、インターネットに接続する際に用いられる IPv4 や IPv6 は、それぞれ違った特徴を持つ IP アドレスの規格です。IPv4 は、32 ビットの長さで一意なアドレスを生成するのに対し、IPv6 は [ア] ビットの長さを持つアドレスを生成します。

　また、[イ] や [ウ] は、ネットワークの形態を示しています。[イ] は、各端末がクライアントとサーバとして働き、一つの中央サーバを必要とせずに、対等な形で直接通信が可能な形式を指します。一方、[ウ] は、中央のサーバが情報やリソースを管理し、端末（クライアント）がサーバから情報を要求する形式を指します。

　ウェブページの参照には❹ HTML や❺ HTTP といった技術が活用されています。

問2 問1の下線部❹・❺について、正しく説明しているものは次のうちそれぞれどれか。

　⓪ ハイパーテキストを使用してウェブページを作成するための言語。
　① インターネット上でデータを送受信するための規約。
　② コンピュータネットワークで情報を検索するためのシステム。
　③ ネットワークの形態を示す用語。

解答 **問1** ア 128　イ P2P 型　ウ クライアントサーバ型　**問2** ❹ ⓪　❺ ①

☑ **解説**

問1「IPv6」は 128 ビットのアドレス空間を持つため、そのアドレス数は非常に多いです。
　「P2P 型」のネットワークでは、各端末がクライアントとサーバの役割を果たします。それに対して「クライアントサーバ型」のネットワークでは、情報やリソースの管理を中央のサーバが担当します。

問2「HTML」は Hyper Text Markup Language の略で、ウェブページを作成するために使用されるマークアップ言語（文章やデータの構造などを表すために用いられるコンピュータ言語）です。ハイパーテキストを利用して、テキスト、画像、音声、動画などのメディアを埋め込んだウェブページを作成できます。
　「HTTP」は Hyper Text Transfer Protocol の略で、インターネット上でウェブページやその他のデータを送受信するためのプロトコル（通信規約）です。HTTP はクライアント（通常はウェブブラウザ）とサーバとの間で通信を行います。

URLの仕組み

問1 空欄 [ア] から [ウ] に当てはまる言葉をそれぞれ答えなさい。

ウェブブラウザのアドレスバーに URL を入力すると、その URL は **A** スキーム、[ア]、[イ]、[ウ]、組織種別、**B** 国名の順に解析されます。[ア] はネットワーク上でサーバを一意に識別します。[イ] はサーバ上の特定のウェブページを指し、[ウ] はドメイン名の一部で、ウェブサイトが管理されている組織の名前を表します。

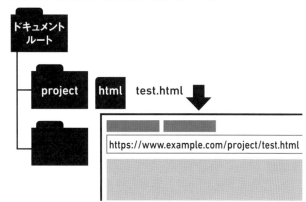

問2 問1の下線部**A**について、正しく説明しているものは次のうちどれか。
　⓪ ネットワーク上で一意なデバイスを識別するためのアドレスの一つ。
　① データベースの構造を定義するためのフレームワークの一部。
　② どのようなプロトコルを使用してデータを取得するかを示すインターネットプロトコルの一つ。
　③ データの転送先を決定するためのアルゴリズムの一つ。

問3 問1の下線部**B**について、正しく説明しているものは次のうちどれか。
　⓪ データベースに格納された情報がどこの国のものかを示す。
　① ドメイン名の一部で、ウェブサイトが登録されている国を示す。
　② ネットワークトラフィックを制御するために国ごとに設定されたプロトコル。
　③ サーバを管理するために国ごとに設定されたプロトコル。

解答　**問1** ア サーバ名　イ パス名　ウ 組織名　**問2** ②　**問3** ①

☑ **解説**

問1 URL は、「スキーム」、「サーバ名」、「パス名」、「組織名」、「組織種別（会社や高等教育機関といった属性を表す）」、「国名」などを含みます。たとえば、[https://www.example.co.jp/test/ ●●●●●] のような URL があった場合は、[https] がプロトコル、[https://] がスキーム、[www] がサーバ名、[example] が組織名、[co] が組織種別（この場合は company の略）、[jp] が国名を表しています。[test/ ●●●●●] 以下（パス名）は、このページがどのディレクトリ配下の何というファイル名かを示しています。

問2 「スキーム」は URL の一部で、どのプロトコルを使用してデータを取得するかを示します。たとえば、http:// や https:// などです。

問3 「国名」は通常、ドメイン名の一部として存在し、ウェブサイトが登録されている国を示します。たとえば、.jp は日本、.us はアメリカ合衆国を示します。

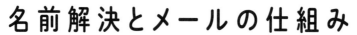

名前解決とメールの仕組み

問1 空欄 [ア] から [ウ] に当てはまる言葉をそれぞれ答えなさい。

インターネットに接続したとき、ある URL から特定のウェブページにアクセスしたり、特定の人に電子メールを送信したりする際に利用される作業を❹ 名前解決と呼びます。この作業を行うシステムを [ア] と呼びます。

メールを利用する際は❸ SMTP というプロトコルや、メールの受信を行う際にメールサーバからメールを取得し、その後サーバ上のメールを削除するプロトコルである [イ]、また、メールを取得すると同時に、サーバ上にもメールを保持し続けるプロトコルである [ウ] などのプロトコルを利用します。

問2 問1の下線部❹について、正しく説明しているものは次のうちどれか。

⓪ 電子メールの受信を行う際に、メールサーバからメールを取得し、その後サーバ上のメールを削除するプロトコル。

① URL から IP アドレスに変換する作業を行うシステム。

② 電子メールの送信を担当するプロトコル。

③ URL を参照し不明瞭な情報を整理するシステム。

問3 問1の下線部❸について、正しく説明しているものは次のうちどれか。

⓪ メールサーバからメールをダウンロードするためのプロトコル。

① ウェブページの送信に使用されるプロトコル。

② 電子メールの送信を管理するためのプロトコル。

③ メールをダウンロードした後も、サーバ上にもメールを保持し続けるプロトコル。

解答 **問1** ア DNS　イ POP3　ウ IMAP　**問2** ①　**問3** ②

☑ **解説**

問1,2「名前解決」とは、インターネット上のリソースにつけられた名前（ドメイン名など）を、そのリソースが実際に存在する場所（IP アドレスなど）に変換するプロセスのことを指します。この機能により、人々は覚えやすいドメイン名を使用してウェブサイトにアクセスでき、コンピュータは背後でそれを IP アドレスに変換します。この変換作業は、

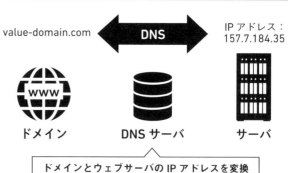

ドメインとウェブサーバの IP アドレスを変換
value-domain.com ： 157.7.184.35
xrea.com ： 150.95.9.225

通常、「**DNS**」（Domain Name System）によって行われます。

DNS のサーバは、インターネット上の住所帳のようなものです。人間が覚えやすいドメイン名（例：www.example.com）を、コンピュータやネットワーク機器が理解できる数値の列である IP アドレス（例：192.0.2.1）に対応させ、変換します。このプロセスを「名前解決」というのです。DNS サーバの主な役割は 3 つです。

① 名前解決

ユーザがブラウザにドメイン名を入力すると、DNS サーバはそのドメイン名を IP アドレスに変換し、ユーザのリクエストを正しいサーバにルーティングします。

② ドメイン管理

DNS サーバは、ドメイン名と IP アドレスの対応関係を管理し、インターネット上でウェブサイトが正しくアクセスされるようにします。

③ 負荷分散

大規模なウェブサイトでは、DNS サーバを利用してリクエストを複数のサーバに分散させ、負荷を均等にすることができます。

問3 「**SMTP**」（Simple Mail Transfer Protocol）は、電子メールの"**送信**"を管理するためのプロトコルです。このプロトコルは、メールを送信するためのルールを提供し、送信されたメールを適切な宛先サーバにルーティングする役割を持ちます。

一方で、メールの"**受信**"には他のプロトコルが利用されます。メールの受信に使用される 2 つの主要なプロトコルは「**POP3**」（Post Office Protocol version 3）と「**IMAP**」（Internet Message Access Protocol）です。それぞれに異なる特徴があります。

「**POP3**」は、メールクライアントがメールサーバからメールをダウンロードし、ローカルに保存するシンプルなプロトコルです。

「**IMAP**」は、メールクライアントがサーバ上のメールをリモートで閲覧し、管理するためのより複雑なプロトコルです。メールはサーバ上に保持され、クライアントはメールのコピーではなく、サーバ上のメールを操作します。

SMTP は 1970 年代から ARPANET 上で実装されていた概念に基づいて、1980 年代に開発されたよ。ARPANET の時代から続いているなんてすごいよね。

重要度 ③

088

通信の仕組みとセキュリティ

問1 空欄 [ア] から [ウ] に当てはまる言葉をそれぞれ答えなさい。

　インターネットに接続する際、ネットワークと機器の間の通り口となる [ア] というユニークな識別番号が各アプリケーションに与えられ、データの転送先を示します。ネットワークは「IPアドレス＋ [ア] 番号」で通信を行っています。しかし、攻撃者がこれらの情報を利用して不正アクセスを試みる可能性があります。そのため、❶ ファイアウォールや❷ プロキシサーバが利用されて、不正なネットワークアクセスを防ぎます。さらに、[イ] を行うことで、データが盗まれたとしても読み取れない形にすることが可能です。しかし、受信者は同じ情報を元の形に戻す必要があり、これを [ウ] といいます。

問2 問1の下線部❶・❷について、正しく説明しているものは次のうちそれぞれどれか。

　　　⓪ ユーザのウェブサイトへのアクセスを制限し、不正なネットワークアクセスを防ぐ。

　　　① ユーザのリクエストを間接的に処理し、不正なネットワークアクセスを防ぐ。

　　　② データの送受信を制御し、不正なネットワークアクセスを防ぐ。

　　　③ データを読み取り不能な形に変換し、不正なネットワークアクセスを防ぐ。

解答　**問1** ア ポート　イ 暗号化　ウ 復号　**問2** ❶ ②　❷ ①

☑ **解説**

問1　「ポート」は各アプリケーションに与えられ、通信先を識別するための番号です。
　　　「暗号化」はデータを読み取れない形に変換することを指します。また、「復号」は、暗号化されたデータや圧縮などの変換処理をされたデータを元の形に戻すプロセスを指します。

問2　「ファイアウォール」は、ネットワークの安全を確保するために、データの送受信を制御し、不正なネットワークアクセスを防ぐ装置やソフトウェアのことを指します。
　　　「プロキシサーバ」により、ユーザがネットワークに直接アクセスしなくなるため、ユーザのプライバシーの保護やネットワークの安全性を向上させます。

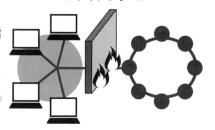

ファイアウォール

企業内LAN　　　インターネット

プロキシサーバは、クライアントとインターネットの間に位置しているよ。クライアントからのリクエストを代理で処理するサーバだ。たとえば頻繁にアクセスされるウェブページをローカルに保存して（キャッシング機能）、サーバの負担を減らしているんだ。

データのセキュリティ

問1 空欄 [ア] から [ウ] に当てはまる言葉をそれぞれ答えなさい。

　情報科学では、データのセキュリティを確保するためのさまざまな方法があります。その中でも特に重要なのは、[ア]、[イ]、❹ 電子認証、[ウ]、❺ 認証局などです。これらの手法は、データの改ざんや漏洩を防ぐために使われます。[ア] と [イ] はどちらも情報を暗号化、復号する際に鍵を使用する考え方です。[ア] は情報の暗号化と復号をする際に同じ鍵を使用する方法です。一方、[イ] は異なる鍵のペアを使用して情報を暗号化および復号する方法です。[ウ] は、メッセージの送信者を確認し、メッセージが改ざんされていないことを保証するための手法です。

問2 問1の下線部❹について、正しく説明しているものは次のうちどれか。
　⓪ 電子機器が接続されたネットワーク上でデータを送信する方法。
　① 特定のウェブサイトにアクセスするためのユーザ名とパスワードの組み合わせ。
　② デジタル署名や暗号化を用いて、通信や取引の相手方の身元を確認し、データの完全性を保証するプロセス。
　③ 情報が正確かどうかを確認するための一連の検証作業。

問3 問1の下線部❺について、正しく説明しているものは次のうちどれか。
　⓪ 機密データを暗号化して保護するためのプログラムやアルゴリズムを開発する組織。
　① デジタル署名の発行や証明書の管理を行う組織。
　② ネットワーク上のコンピュータやデバイスが接続されていることを確認する組織。
　③ ネットワーク上でデータを送受信するためのプロトコルを開発する組織。

解答 **問1** ア 共通鍵暗号方式　イ 公開鍵暗号方式　ウ デジタル署名　**問2** ②　**問3** ①

☑ 解説

問1,2 「公開鍵暗号方式」で使われる公開鍵は誰でも知ることができ、秘密鍵は個々のユーザが保持します。また、「共通鍵暗号方式」と公開鍵暗号方式を組み合わせた「セッション鍵暗号方式」というものもあります。また、公開鍵の保持者を証明する「電子証明書」により「デジタル署名」が本人のものかを証明することを「電子認証」といいます。

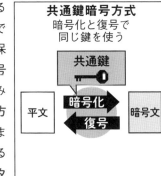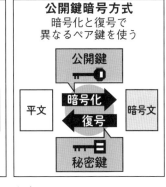

問3 「認証局」（CA: Certificate Authority）は、通信の一方が他方を正確に認識できるように、その身元を確認し、それを電子証明書に結びつける組織です。

デジタル技術の進歩I

問1 空欄 [ア] から [ウ] に当てはまる言葉をそれぞれ答えなさい。

　今日では、デジタル技術が日々の生活に深く浸透しています。たとえば、🅐電子マネーには、決済処理が速く、支払い履歴が残るのでお金の管理もしやすくなるという利点があります。また、🅑ブロックチェーンは、インターネット上でやりとりできる財産的価値である [ア] や他のテクノロジーの基盤として使用されています。[イ] は、位置情報の正確な追跡を可能にし、地図上でのルートガイドや車両追跡など、様々なアプリケーションで利用されています。また、[ウ] は、販売店での商品の販売、在庫管理など、効率的なビジネス運営をサポートしています。

問2 問1の下線部🅐・🅑について、正しく説明しているものは次のうちそれぞれどれか。

　⓪ デジタルトランザクションの透明性とセキュリティを高めるテクノロジー。
　① 店舗やレストランでの決済手段。
　② 位置情報の追跡を可能にするテクノロジー。
　③ 商品の販売や在庫管理を支援するシステム。

解答　**問1** ア 仮想通貨　イ GPS　ウ POS システム　**問2** 🅐① 🅑⓪

☑ **解説**

問1「ブロックチェーン」は、「仮想通貨」の取引に使われ、その取引の透明性とセキュリティを保証します。「GPS」は、アメリカ合衆国の GPS 衛星からの信号を受信することで、位置情報を取得するシステムです。「POS システム」は、専用の端末でバーコードを読み取ることで、商品名や価格などがサーバのデータと照合され、売り上げ情報として蓄積されるシステムです。POS システムが導入されたレジのことを、「POS レジ」と言います。

ブロックチェーンの仕組み

従来のシステム（中央集権・管理）　ブロックチェーン（分散型台帳技術）

問2「電子マネー」は、店舗やレストランでの決済手段です。プリペイドカードやモバイルアプリなどの形で利用でき、物理的な現金を持つことなく決済を行うことができます。
　「ブロックチェーン」は、取引情報をブロック（データを格納する場所）に記録し、それを連鎖させて一連の取引履歴（チェーン）を形成します。これにより、取引の改ざんを防止することが可能になります。なお、「デジタルトランザクション」とは、消費者と企業との間で交わされる、ペーパーレスの電子的な取引のことをいいます。
　改ざんを防ぐ仕組みについて、少し詳しく説明します。

◆分散型の台帳～ブロックチェーン～

ブロックチェーンが改ざんを防ぐことができる理由は、その独特な構造と分散型の性質にあります。今回は4つの性質を紹介します。

① 分散型台帳技術

ブロックチェーンは分散型台帳技術（DLT）の一種で、データはネットワーク上の多数のコンピュータ（ノード）に分散して保存されます。各ノードはブロックチェーンのコピーを保持し、新しいブロックが追加されるたびにネットワークを通じて更新されます。

想像してみましょう。クラス全員が同じノートを持っていて、そのノートにはクラスのルールが書かれています。誰かがそのルールを変えようとしたら、クラス全員のノートを同時に書き換えなければなりません。これはとても大変なことですよね。

② ブロックの連鎖

各ブロックには、前のブロックのハッシュ値（一意の識別子）が含まれています。これにより、ブロックは時系列で連鎖され、一つのブロックが改ざんされると、それに続くすべてのブロックのハッシュ値も変更されなければならなくなります。これは、非常に計算資源を要するため、実質的に不可能に近いです。一つのパズルピースを変えたら、それにつながるすべてのピースも合わなくなってしまうため、悪い人が勝手に改ざんすることは難しいのです。

③ コンセンサスメカニズム

ブロックチェーンネットワークでは、新しいブロックの追加や既存のブロックの検証にはネットワーク参加者の合意（コンセンサス）が必要です。たとえばビットコインでは「プルーフ・オブ・ワーク」というコンセンサスメカニズムが使われており、計算上の困難な問題を解くことによって新しいブロックの追加が許可されます。不正な取引をブロックに追加しようとすると、ネットワークの合意を得ることができず、その取引は無効とされます。もし誰かが不正なことをしようとしても、多くの人がそれを認めなければ、その取引は無効になります。

④ 透明性

ブロックチェーンの取引記録は、参加者によって閲覧可能であり、どのような取引が行われたかを公開しています。これにより、不正な取引や改ざんを試みる行為は、他の参加者によって容易に検出されます。

> すべての取引が追跡可能だとプライバシーの侵害が気になるかもしれないけど、各ユーザは実名ではなくアドレス（仮名）に関連付けられているから、追跡されてもすぐに実名が判明することはないよ。

デジタル技術の進歩Ⅱ

問1 空欄 [ア] から [ウ] に当てはまる言葉をそれぞれ答えなさい。

　今日では、デジタル技術が日々の生活に深く浸透しています。たとえば**Ⓐ 緊急地震速報**や**Ⓑ ポータルサイト**は、我々の生活になくてはならないシステムです。また、[ア] と [イ] は、企業や組織の情報管理に関わる概念です。[ア] はすべての情報が一つの場所に集約され、[イ] は情報が複数の場所に分散されて管理されるという特徴があります。

　また、技術が進歩し社会が豊かになると、知的財産権や著作権についての新たな考え方が生まれます。著作権の適用範囲を著作者が意思表示できる [ウ] は、新しい技術や創作物が次々に生まれる現代に必要な制度です。

問2 問1の下線部Ⓐについて、正しく説明しているものは次のうちどれか。
　⓪ 地震の被害を計測するためのシステム。
　① 地震の発生を感知し、その情報を即座に伝えるシステム。
　② 地震による緊急事態に際し、安否確認の速報をユーザに提供するシステム。
　③ 地震発生時の物資の配布や避難所の情報をリアルタイムに発信するシステム。

問3 問1の下線部Ⓑについて、正しく説明しているものは次のうちどれか。
　⓪ 複数のウェブサイトから情報を集約し、ユーザに一元的に提供するウェブサイト。
　① 自分のウェブページを作成し、情報を発信できるウェブサイト。
　② ユーザがコミュニティを形成し、情報を共有するためのウェブサイト。
　③ 企業の製品やサービスを紹介するためのウェブサイト。

解答 **問1** ア 集中情報システム　イ 分散情報システム　ウ クリエイティブ・コモンズ・ライセンス　**問2** ①　**問3** ⓪

☑ **解説**

問1 「集中情報システム」は、管理が容易ですがシステム障害に対して脆弱です。一方で「分散情報システム」は、システム障害に強いですがセキュリティ対策などの管理が複雑化してしまいます。
　「クリエイティブ・コモンズ・ライセンス」は、著作権法や知的所有権法を根拠とした法的問題を回避することを狙いに、クリエイティブ・コモンズというイギリスの団体によって策定されたものです。

問2 「緊急地震速報」は地震による大きな揺れが到達する数秒から数十秒前に警報を発出するシステムです。

問3 「ポータルサイト」により、ユーザは様々な情報を一つの場所から得ることが可能となります。Yahoo! や Google もポータルサイトの一例です。韓国の NAVER や中国の Baidu（百度）のような、地域に重点を置いたサイトも多数存在します。

情報システムの故障の防止

問1 空欄 [ア] から [ウ] に当てはまる言葉をそれぞれ答えなさい。

　情報システムの運用において、重要な要素となるのが [ア] です。データの喪失を防ぐため、データの複製を別の場所に保存しておく [ア] は定期的に行われます。また、データの高い信頼性を確保するための一つの手段として [イ] があります。これはデータを複数のディスクに分散して保存することで、ディスクの故障に対してもデータを保護します。さらに、❶ フェイルセーフと、人がミスをしようとしてもできないようにする工夫である [ウ] とがあります。これらはシステム設計の重要な原則となります。また、システムの耐久性を評価する指標として❷ 平均故障間隔と平均修理時間があります。

問2 問1の下線部❶について、正しく説明しているものは次のうちどれか。
　⓪ システムが故障した場合でも安全性を確保するように設計されたシステム。
　① ユーザが誤操作をしてもシステムが正常に作動するように設計されたシステム。
　② データを複数のディスクに分散して保存するシステム。
　③ システムが故障するまでの平均的な時間を短縮するシステム。

問3 問1の下線部❷について、正しく説明しているものは次のうちどれか。
　⓪ 一度の故障から次の故障までの平均的な時間。
　① システムが故障した場合に安全性が確保されるまでの平均的な時間。
　② ユーザが誤操作をした場合にシステムが自動で正常に動作するまでの平均的な時間。
　③ 故障から復旧するまでの平均的な時間。

解答 **問1** ア バックアップ　イ RAID　ウ フールプルーフ　**問2** ⓪　**問3** ⓪

☑ **解説**

問1 「RAID」には RAID 0・RAID 1 などの種類が存在し、目的に応じて使い分ける必要があります（151ページのコラムも見てね）。「フールプルーフ」はユーザの誤操作からシステムを守るための設計原則です。蓋を閉めないと動作しない洗濯機や、扉が閉まった状態でないと作

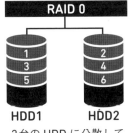

2台の HDD に分散してデータを書き込む

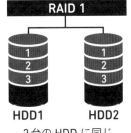
2台の HDD に同じデータを書き込む

動しない電子レンジなどがあります。「平均故障間隔」はシステムの耐久性を評価するための指標で、システムが故障するまでの平均的な時間を表します。

問2 「フェイルセーフ」は、システムが故障などのトラブルが発生したときにその影響を最小限に留めるように設計されています。

問3 「平均故障間隔」は、この値が大きいほど、システムは安定しており、故障が少ないことを示します。

情報社会の問題解決

情報デザイン

コンピュータとプログラミング

情報通信ネットワークとデータの活用

データの管理

問1 空欄 [ア] から [ウ] に当てはまる言葉をそれぞれ答えなさい。

　従来のデータの取り扱いには、**Ⓐ**データベース管理システムや**Ⓑ**リストアといったプロセスが使用されています。これらの管理ツールでは処理が難しいほど大量のデータを [ア] といいます。

　データベース管理システムではデータは通常、[イ] として格納されます。データの形式は、データを表の形で管理する [ウ] や階層型データベースなどがあります。

問2 問1の下線部Ⓐについて、正しく説明しているものは次のうちどれか。
　　⓪ 一定量以上のデータを処理する際に用いられるシステム。
　　① 関連性を持つデータを一元的に管理するためのシステム。
　　② データの整理や整形を行うためのシステム。
　　③ データのバックアップや復元を行うためのシステム。

問3 問1の下線部Ⓑについて、正しく説明しているものは次のうちどれか。
　　⓪ データが失われた場合に、データを元の状態に戻すプロセス。
　　① データを保護するために、データを他の場所に複製するプロセス。
　　② データが不完全な状態になった場合に、データを完全な状態に修復するプロセス。
　　③ データを更新し、古いデータを新しいデータで置き換えるプロセス。

解答 **問1** ア ビッグデータ　イ 構造化データ　ウ 関係データベース　**問2** ①　**問3** ⓪

☑ 解説

問1,2 「ビッグデータ」は大量のデータのことを指し、従来のデータ管理ツールでは処理が難しいため、新しい技術を用いて解析や利用がされています。
　「データベース管理システム」は、関連性を持つデータを一元的に管理するためのシステムで、データの作成、読み込み、更新、削除といった操作を管理します。
　データは通常「構造化データ」として格納されます。構造化データは、「列」と「行」で整理されているため、分析や解析に適したデータのことです。
　データベースの形式は多岐にわたり、「関係データベース」や「階層型データベース」などがあります。「階層型データベース」では、データをノードと呼称し、親ノードから子ノードをツリー状に派生させて保存しています。

問3 「リストア」はデータが失われた場合、それを元の状態に戻すためのプロセスです。通常、バックアップと一緒にリストアは考えられ、データの喪失を防ぐための重要な手段です。

無線LANとウェブ通信の安全性

問1 空欄 [ア]、[イ] に当てはまる言葉をそれぞれ答えなさい。

Ⓐ IoT デバイスの急速な普及に伴い、モノをインターネットに接続する際の安全性がより一層重要になっています。インターネット上で仮想的なプライベートネットワークを構築し、遠隔地からの安全なアクセスを可能にする [ア] のような技術を用いてセキュリティを確保することもあります。現代のウェブ通信の安全性を確保するうえで、SSL 及びその次世代規格であるセキュリティプロトコルの [イ] への理解も求められます。これらの手法は、基地局がカバーする Ⓑ セル内のデバイスへの通信だけでなく、基地局同士の通信にも使用されます。

問2 問1の下線部Ⓐについて、次の選択肢のうち、IoT デバイスの具体例として正しくないものを選びなさい。

⓪ 土壌湿度センサ　　　　　　　① ウェアラブルフィットネストラッカー
② アナログ時計　　　　　　　　③ コネクテッドカー
④ スマートサーモスタット　　　⑤ スマートキー

問3 問1の下線部Ⓑが基地局によって担保される役割について、正しく説明しているものは次のうちどれか。

⓪ 特定の地域における無線通信の品質を確保する役割を担う。
① ネットワークの端末間でメッセージをやりとりする役割を担う。
② 大量のデータを一度に転送する役割を担う。
③ 通信の安全性を確保するために暗号化を行う役割を担う。

解答 　**問1** ア VPN　イ TLS　**問2** ②　**問3** ⓪

☑ **解説**

問1 「VPN」はインターネット上で仮想的なプライベートネットワークを構築する技術です。遠隔地からでも安全な送受信が可能になります。特に IoT デバイスのように多くのデータをインターネット上でやり取りする場合、VPN は重要なセキュリティ対策となります。「TLS」は SSL を基に作られた通信の安全性を確保するためのプロトコルで、「HTTPS」などに使用されています。なお、「SSL/TLS」という用語は、SSL と TLS の両方を含む広範なセキュリティプロトコル群を指すために使用されます。SSL 自体は古く、現在は TLS が主流です。

問2 「IoT デバイス」の特徴は、インターネットへの接続やデータ収集・分析の機能を持つモノであることです。たとえば「土壌湿度センサ」は土壌の状態をインターネット経由で送信する IoT デバイスです。

問3 「セル」は基地局がカバーする地域を指します。各セルは、その地域内での無線通信の品質を確保する役割を担っています。

現代のシステム技術

問1 空欄 ［ ア ］、［ イ ］に当てはまる言葉をそ
れぞれ答えなさい。

Ⓐ ハンドオーバーの技術やⒷ ITS の技術など、現代には
様々なシステム技術が存在します。地震の発生を早期に感
知し情報を提供するシステムである ［ ア ］ は、災害時
の安全性の確保に有効です。また、商品やサービスの決済
を電子的に行う ［ イ ］ という技術もあります。

問2 問1の下線部Ⓐ・Ⓑについて、正しく説明しているものはそれぞれ次のうちどれか。

⓪ 移動体通信で通信エリアを移動する際に、前の基地局から次の基地局へ無線通信の接
続先を切り替える技術。

① 車両と道路などのインフラストラクチャ間での情報交換を行うシステム。

② 大地震発生の予知情報を伝えるシステム。

③ 電子的な手段で決済を行う方法。

解答 **問1** ア 緊急地震速報システム イ コード決済 **問2** Ⓐ⓪ Ⓑ①

☑ **解説**

問1 「緊急地震速報システム」は、地震の発生を早期に感知し、情報を提供するシステムです。
「コード決済」は、商品やサービスの決済を電子的に行う方法で、現代の社会において普及
しています。情報システムは他にもコンビニの「POS システム」や、スマホや車の「GPS
ナビゲーションシステム」が有名です。顧客データを一元管理する「顧客関係管理システム
（CRM システム）」も企業にとって重要になっています。

> **Customer Relationship Management の略だね！**

問2 「ハンドオーバー」により、携帯電話などの無線端末を使用する際に、移動中でも通信が途
切れることなく利用することが可能となります。基地局の切り替えは利用者の操作なしに自
動で行われますが、場合によっては切り替えの際に接続が切断されることもあります。
「ITS」は Intelligent Transport Systems の略です。これにより、交通の安全性や効率性を
向上させることが期待されています。たとえば、カーナビゲーションシステムやバスロケー
ションシステム（バス停での待ち時間やバスの現在地が分かるシステム）、ETC（電子料金
収受システム）などがあります。

データモデル

問1 空欄 [ア]、[イ] に当てはまる言葉をそれぞれ答えなさい。

　情報をどのように整理するかを決めた抽象的な設計図である [ア] の具体例として、行と列で表を作る関係データモデル、階層的に表す階層データモデル、属性と関数をもつオブジェクト指向データモデルなどがあります。[ア] に基づいて実際にデータを格納、管理、取得するためのソフトウェアとして❹ DBMS が有名です。

　データを整理するために、企業では❸ RDB が使われる場合があります。情報が必ずしも固定された形式に従わない非構造化データを扱う場合は、RDB 以外のデータベースを指す [イ] が適していると言われています。

問2 問1の下線部❹について、正しく説明しているものは次のうちどれか。

　⓪ ネットワーク通信の品質を保証するためのシステム。

　① データモデルを実装し、実際にデータを効率的に扱うためのシステム。

　② データを高速に処理するためのハードウェア。

　③ データのセキュリティを確保するための暗号化技術。

問3 問1の下線部❸について、正しく説明しているものは次のうちどれか。

　⓪ データが配列として保存され、インデックスを使用して高速にアクセスできるモデル。

　① データを表（テーブル）形式で保持し、各テーブル間の関連性を定義するモデル。

　② データの構造を階層型に表現することで、関連データの抽出を高速化するモデル。

　③ 非構造化データの高速処理と分散処理に特化したデータモデル。

解答　**問1** ア データモデル　イ NoSQL　**問2** ①　**問3** ①

☑ **解説**

　「データモデル」は情報を整理するための基本的な概念で、特に「リレーショナルデータベース（RDB）」や「データベース管理システム（DBMS）」などの技術で使われています。また、「非構造化データ」を扱う際には「NoSQL データベース」がよく用いられます。
リレーショナルデータベース（RDB）は、データを複数の表として管理し、表と表の関係を定義することで、複雑なデータの関連性を扱えるようにしたデータベース管理方式です。身近な例だと、図書館の貸し出し図書の管理システムが DBMS に相当します。このシステムは、本の貸し出し、返却、検索、予約などの機能を提供し、図書館の運営を支援します。さらに、図書館のスタッフが本や利用者の情報を簡単に管理できるようにします。

データの収集

問1 空欄 [ア]、[イ] に当てはまる言葉をそれぞれ答えなさい。

　ある集団から情報を収集するために同一の質問をする手法を [ア] 調査といいます。しかし、最近ではそれだけではなく、ネット上で蓄積された**Ⓐ** ビッグデータを活用する方法や、**Ⓑ** データサイエンスといった手法もよく使われています。これらの手法は、従来の方法では収集困難だった情報を抽出することが可能です。さらに、データを公開し誰でも利用できるようにする [イ] という考え方も注目されています。

問2 問1の下線部**Ⓐ**について、正しく説明しているものは次のうちどれか。

　⓪ 間違った結果を修正する手法。
　① データの中から特定のパターンを見つけ出す手法。
　② 複数のデータソースからデータを集める手法。
　③ 大量のデータを取り扱い、分析する手法。

問3 問1の下線部**Ⓑ**について、正しく説明しているものは次のうちどれか。

　⓪ データを収集し、それを分析する手法。
　① データを保管するためのデータベース技術。
　② データを転送するためのネットワーク技術。
　③ データを削除するための手法。

解答　**問1** ア アンケート　イ オープンデータ　**問2** ③　**問3** ⓪

☑ **解説**

問1「ビッグデータ」を分析することにより、従来の「アンケート」調査では得られなかった情報を抽出することが可能になります。

また、「オープンデータ」は、データを公開し誰でも利用できるようにする考え方で、これによりデータの利用範囲が広がります。たとえばオープンデータには、国や地方公共団体が保管するデータなどがありますが、そうしたデータが広く公開されることで、行政の透明性が向上するといった利点があります。

問2「ビッグデータ」はインターネット上の行動データやセンサデータなどです。従来では捉えることのできなかった大量のデータを、高速に処理し、その中から有意義な情報を見つけ出すことで、近未来の予測などが可能になります。

問3「データサイエンス」は、データを収集し、それを分析するための手法です。「データサイエンティスト」は、様々なデータから意味のある情報を見つけ出し、それを用いて意思決定や予測などを行います。これにより、ビジネスや科学、社会全般において有益な知識が得られます。

データ分析

問1 空欄 [ア] から [ウ] に当てはまる言葉をそれぞれ答えなさい。

　データ分析においては、データの正確性が極めて重要です。そこで、データの**A** 欠損値や**B** 外れ値の処理が必要になります。さらに、データの特性を理解するために設問毎に回答結果を集計し、何人が回答したのか、各選択肢の内訳はどうなのかを表示する手法の [ア] や、[ア] で得られた値に、他の設問、または性別や年代などの基本情報を掛け合わせて集計を行う手法の [イ] のような基本的な分析手法が利用されます。特に、年齢・身長・血圧値など数量として測定できる [ウ] や、分類（カテゴリ）として測定できる質的データは、データの特性を理解するうえで重要です。

問2 問1の下線部**A**・**B**について、正しく説明しているものはそれぞれ次のうちどれか。

　⓪ データの中に記録されなかった値や不明な値。

　① データとして異常に高い値または異常に低い値。

　② データの一部を単純に集計した値。

　③ データの一部を複数の変数に基づいて集計した値。

解答　**問1** ア 単純集計　イ クロス集計　ウ 量的データ　**問2** **A** ⓪ **B** ①

☑ **解説**

問1 「単純集計」はデータの一部を単純に集計した結果を得るための手法で、全体像を把握するために重要です。「クロス集計」は、複数の変数に基づいてデータを集計する手法であり、複雑な関係性を理解する上で有効です。アンケート調査などで用いられることが多く、たとえば、アンケートの結果を性別や年代などの異なるカテゴリに分けて分析し、それぞれのグループ間での違いや傾向を見つけ出すことができます。「量的データ」は数値によって測定または表現されるデータで、具体的な量や大きさを表すのに使用されます。

問2 「欠損値」（Missing Value）とは、欠損した値のことです。たとえば、アンケートの回答で一部の質問が未回答である場合に生じます。

　「外れ値」（Outlier）は、他の観測データと大きく異なる値のことです。外れ値の扱いは注意が必要です。データが正確に測定され自然な変動によって極端な値が生じた可能性もありますし、単純に誤りによるものである可能性もあります。外れ値の判定方法として、標準偏差や箱ひげ図などを用いる手法があります。

グラフ

問1 空欄 [ア] から [ウ] に当てはまる言葉をそれぞれ答えなさい。

データの特性に応じて様々な種類のグラフが利用されます。たとえば、数量の大きさを点で表し、それを線で結んだ❹ 折れ線グラフがあります。また、データセット内の頻度分布を視覚的に表現するためによく使われるグラフとして、[ア] があります。他にも、[イ] は、データの分布と中央値を同時に視覚化できるため、データの全体像を理解するのに有用です。また、散布図は2つの変量の関係を表す [ウ] を視覚的に把握するために利用されます。

問2 問1の下線部❹について、正しく説明しているものは次のうちどれか。

⓪ データの示す量の大小比較に適している。
① データの構成比を視覚化する。
② ある一定の時間間隔でのデータ変動を表す。
③ 線や図形を用いて統計データを図示している。

解答 **問1** ア ヒストグラム　イ 箱ひげ図　ウ 相関関係　**問2** ②

☑ **解説**

問1 「ヒストグラム」はデータの頻度分布を視覚化するために使用されます。つまり、各ビン（階級）に含まれるデータ項目の数を表現します。

「箱ひげ図」は、データの最小値、最大値、四分位数（第一四分位数、中央値、第三四分位数）を表示するのに便利なグラフです。データの分布と中央値を同時に視覚化できるため、データの全体像を把握するのに役立ちます。

「散布図」は、2つの変数 X、Y がどのように関連しているかを視覚化したグラフで、変数 X、Y の値の組（X,Y）を座標とする点を平面上にとったグラフです。散布図とそれに対応する「相関係数」とを分析することで、変数間の相関関係を把握することができます。また、クラスタリング（類似するデータをグループ化すること）や外れ値の存在なども視覚的に理解できます。

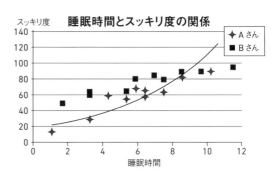

問2 「折れ線グラフ」は、時間の経過とともに変数がどのように変化するかを視覚化するためによく使われます。たとえば、月ごとの気温の変化や年ごとの売上の変化などを表すのに適しています。

鉄板
100 重要度 3

情報の表現

問1 空欄 [ア] から [ウ] に当てはまる言葉をそれぞれ答えなさい。

　大量のテキスト情報から有用な知識を抽出するための技術のことを [ア] といいます。たとえば、X（旧 Twitter）や Facebook などの SNS のユーザレビューやコメントから**Ⓐ** ワードクラウドが作成できます。また、[イ] を作成することで、異なるキーワードが同時にどの程度登場するかを視覚的に表現することも可能です。

　コンビニエンスストアの情報システムでは、バーとスペースの組み合わせにより数字や文字などを機械が読み取れる形で表現した商品の [ウ] を読み取ることで、売れた商品の情報を蓄積していきます。[ウ] には、事業者コード、チェックデジットなどが組み込まれています。

問2 問1の下線部**Ⓐ**について、正しく説明しているものは次のうちどれか。
　　⓪ あるテキストに関連するテキストを自動生成するためのもの。
　　① テキストで使用されている文法の特徴を分析するためのもの。
　　② テキスト内のキーワードの頻度を視覚的に表現するためのもの。
　　③ 異なるキーワードが同時にどの程度登場するかを視覚的に表現するためのもの。

解答
　問1 ア テキストマイニング　イ 共起ネットワーク　ウ バーコード
　問2 ②

☑ **解説**

問1,2「テキストマイニング」は大量のテキスト情報から有用な知識を抽出するための技術です。文章のデータを単語や文節で区切り、出現頻度や時系列などを分析します。

また、「バーコード」は商品の識別や在庫管理に使用される符号の一種で、事業者コードやチェックデジット等が含まれます。「共起ネットワーク」は、異なるキーワードが同時にどの程度登場し重要であるか視覚的に表現するための手法です。各単語がノード（円）として表され、頻繁に出現する単語間にはエッジ（線）が引かれます。「ワードクラウド」はテキスト中のキーワードの出現頻度に基づいて、大きさや色を変えて表示するビジュアル化手法です。ワードクラウドは単語の出現頻度に焦点を当てていますが、共起ネットワークは単語間の関係やパターンに焦点を当てています。共起ネットワークはテキスト内の単語間のより深い関係や構造を理解するために使用されるのです。

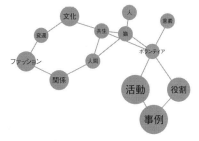

共起ネットワークの例

ワードクラウドの例

情報社会の問題解決

情報デザイン

コンピュータとプログラミング

情報通信ネットワークとデータの活用

DNSサーバの負荷分散とユーザビリティ

「負荷分散」は、インターネットやネットワークサービスにおいて、リクエストやデータの処理を複数のサーバやリソースに分けて行うことで、全体の処理能力を向上させ、システムの安定性や応答性を高める技術です。

DNSサーバが負荷分散に関与する方法とその仕組みについて説明します。

◆負荷分散の基本

負荷分散は、通常、複数のサーバが同じアプリケーションやサービスを提供している環境で利用されます。ユーザからのリクエストが来ると、負荷分散システムはそのリクエストを現在最も空いているサーバ、または特定のアルゴリズムに基づいて選ばれたサーバに割り当てます。これにより、一つのサーバに過度な負担がかかることを防ぎ、全体としての処理能力を最大化します。

◆DNSサーバによる負荷分散

DNSサーバは、名前解決のプロセスの中で負荷分散を行うことができます。これは主に「DNSラウンドロビン」と呼ばれる方法で実現されます。

① DNSラウンドロビン

「DNSラウンドロビン」は、同一のドメイン名に対して複数のIPアドレスを割り当てる方法です。DNSサーバは、名前解決のリクエストに対してこれらのIPアドレスを順番にまたはランダムに割り当てることで、リクエストを複数のサーバに分散させます。

② ジオロケーションベースの負荷分散

DNSサーバは、ユーザの地理的な位置情報を基に、最も近いまたは最適なサーバにリクエストをルーティングすることもできます。これにより、レイテンシーを減少させ、ユーザ体験を向上させることができます。

◆負荷分散のメリット

① パフォーマンスの向上

負荷を均等に分散させることで、各サーバの過負荷を防ぎ、システム全体の応答時間を短縮できます。

② 可用性の向上

一つのサーバが故障しても、他のサーバが処理を引き継ぐため、サービスの中断を最小限に抑えることができます。

③ スケーラビリティ（拡張性）

トラフィックの増加に応じて、追加のサーバを容易に組み込むことができます。

VPN と VLAN

◆VPN（Virtual Private Network：仮想私設ネットワーク）

1. 目的

「VPN」は、インターネット上で安全な「仮想的な通路」を作り出す技術です。この通路は、データを暗号化して送受信するため、外部からの盗聴や改ざんを防ぎます。

2. 機能

・暗号化

VPN は、ユーザのデバイスと VPN サーバ間で送受信されるデータを暗号化し、プライバシーとセキュリティを保ちます。

・リモート接続

ユーザは世界中どこからでも VPN に接続できます。

3. 使用例

・リモートワーカーが会社のリソースに安全にアクセスする。

・公共 Wi-Fi ネットワーク上でのデータ保護。

・地理的なコンテンツ制限の回避。

◆VLAN（Virtual Local Area Network：仮想ローカルエリアネットワーク）

1. 目的

「VLAN」は、物理的なネットワークを分けることなく、より大きなローカルエリアネットワークを小さな分離されたネットワークに分割するために使用されます。

2. 機能

・部署分け

VLAN はネットワークを小さな部署に分け、それぞれが独立したネットワークとして機能します。これにより、混雑を減少させ、不要なデータを隔離し、セキュリティを向上させることができます。

3. 使用例

・会社内の異なる部門（例：経埋、人事、IT）のネットワークを分離する。

◆VPNとVLANの違い

VPN は遠く離れた場所から安全にネットワークにアクセスするために使われ、VLAN は一つのネットワークを部署ごとに分割してセキュリティの向上や管理を効率化するために使われます。

クラウドコンピューティング（クラウド）

　オンラインで文書を作成したり、写真を保存したり、ゲームをプレイしたりする際、それらのデータはどこに保存されるでしょうか？　「クラウドコンピューティング（クラウド）」の場合、どこか遠くのサーバに保存されています。

　「クラウドコンピューティング」は、インターネットを介して、遠隔地のサーバにあるリソース（計算能力やデータストレージなど）を利用する技術です。簡単に言うと、自分のコンピュータやデバイスに負担をかけることなく、インターネット上の「クラウド」と呼ばれる場所にあるリソースを使って作業を行うことができます。クラウドは、データの保存だけでなく、ソフトウェアの実行やデータ処理など、さまざまな用途に使用されます。クラウドコンピューティングの最大の利点は、アクセスのしやすさと柔軟性です。たとえば、どこからでもインターネットに接続することで、自分の文書や写真にアクセスしたり、重い計算処理をクラウド上で行ったりすることができます。また、使用するリソースの量に応じて料金が変わるため、無駄なコストを削減できるという経済的なメリットもあります。一方で、クラウドコンピューティングを利用する際には、セキュリティやプライバシーの問題も考慮する必要があります。データがインターネット上に保存されるため、適切なセキュリティ対策が必要です。

　クラウドコンピューティングは以下のような場面で活用されています。

- ・データバックアップ

　重要なファイルや写真をクラウドに保存し、どこからでもアクセスできるようにします。

- ・オンラインソフトウェア

　Microsoft 365やGoogle Docsなど、インターネットを通じてアクセスするソフトウェア。

- ・ビッグデータ分析

　膨大なデータをクラウド上で処理し、ビジネスの洞察を得る。

　クラウドコンピューティングは、大きく分けて、ユーザ側の「フロントエンド」と、サービス提供者側の「バックエンド」から構成されます。

- ・フロントエンド

　ユーザが直接触れる部分。PCやスマートフォンなどのデバイスと、それらで動作するクラウドサービスにアクセスするためのアプリケーション（ブラウザや専用アプリなど）。

- ・バックエンド

　サービス提供者側のサーバ群、ストレージ、データベース、サーバ側のアプリケーションなどが含まれます。これらはインターネットを介してフロントエンドと通信します。

RAID ～データの信頼性の向上～

　コンピュータシステムでデータの保管やアクセスの効率を向上させるために、「RAID」という技術がよく使われます。バックアップに似ていますが厳密には異なります。RAID は「独立したディスクの冗長配列」を意味し、複数のハードディスクドライブを組み合わせて一つのシステムとして機能させることで、データの安全性やアクセス速度を改善します。RAID は複数のタイプがあり、代表例を2つ紹介します。

1. RAID 0 （ストライピング）

　複数のディスクにデータを「ストライプ」として分散保存します。データを小さなブロックに分割し、これらのブロックを交互に異なるディスクに保存します。たとえば、データ A と B があるとき、A の一部をディスク1に、B の一部をディスク2に保存します。次に、A の残りをディスク2に、B の残りをディスク1に保存するという具合です。

2. RAID 1 （ミラーリング）

　2つのディスクに同じデータを保存します（ミラーリング）。

　一つのディスクが故障しても、もう一つのディスクにデータが残るため、データの安全性が高まります。データの安全性を重視する用途に適しています。

　また、RAID 0 を採用するとなぜ動作が速くなるのかについて説明します。

（a）同時アクセス

　　複数のディスクにデータが分散されているため、それぞれのディスクが同時に異なるデータブロックにアクセスできます。これにより、一つの大きなデータファイルでも、複数のディスクが同時に読み書きを行うことが可能になり、全体の処理速度が向上します。

（b）データの読み書き速度の向上

　　一つのディスクにすべてのデータを保存する場合、そのディスクの読み書き速度がボトルネックになります。しかし、RAID 0 ではデータが複数のディスクに分散されるため、この制限が緩和され、より高速なデータアクセスが可能になります。

（c）効率的なデータ処理

　　データの分散により、特定のディスクに負荷が集中することが減り、全体として効率的なデータ処理が行えます。

　　データの読み書き速度が向上しますが、ディスクのいずれかが故障するとデータを失うリスクがあります。

　　高速なデータ処理が必要な場面で使われますが、重要なデータの保存には適していません。

共通テスト用 プログラム表記の解説

プログラミング言語とは?

「プログラミング言語」とは、人間がコンピュータに指示を出すための言語です。これを使って、コンピュータに対して計算させたり、データの処理を行わせたりすることができます。コンピュータはこの言語で書かれたプログラムを実行することによって、様々な作業を自動で行います。

コンピュータの得意とすること

コンピュータは高速で正確な計算や、大量のデータ処理、複雑な作業の自動化に非常に優れています。これらの作業を効率よく行うためには、プログラミング言語で適切に命令を作成する必要があります。

プログラミング言語の基本要素

1 変数と値
「変数」はデータを保存するための箱のようなもので、「値」はその箱に入れる具体的なデータです。

2 表示文
プログラムの実行結果を人間が理解できる形で表示します。

3 代入文
変数に特定の値を割り当てることができます。

4 演算
数値や文字列などのデータに対して加算、減算などの計算を行います。

5 制御文
プログラムの流れを制御し、条件に応じて異なる処理を行ったり、同じ処理を繰り返して行ったりすることができます。

プログラミング問題対策の流れ

ステップ1 プログラミング言語の基本を理解する
プログラミング言語の概要を学び、基本的な構文やルールを理解します。

ステップ2 簡単なプログラム例を理解してみる
変数の宣言、値の代入、簡単な算術演算など、基本的なプログラムを実際に書いてみます。

ステップ3 **制御構造を学ぶ**

条件分岐やループなど、より複雑なプログラムの流れを作るための制御構造を学びます。

ステップ4 **練習問題に挑戦する（96ページから）**

学んだことを実践に移し、練習問題を解いてみます。これにより、理解を深め、スキルを向上させることができます。

> **コンピュータに対する命令を作成し、**
> **様々なタスクを自動化する能力を身につけましょう！**

具体例を見てみよう！

ここからは、大学入学共通テストで使用されている「共通テスト用プログラム表記」を用いて、プログラミングの具体例を見ていきます。

1 変数と値

変数とは、プログラミングにおいてデータを格納する箱のようなものです。変数名は英字で始まる英数字と「 _ 」（アンダーバー）の並びで表現されます。

プログラム例 ❶

```
(1)  kosu = 3
```

☑ **説明**　1行目で変数 kosu を宣言（準備）し、3という値を入れています。

このプログラムではディスプレイに値の出力などは行われません。「kosu」という箱に「3」という値を入れるよ、というだけのプログラムです。

「＝」の右にある値が「＝」の左にある箱に入れられる、という向きがあることに注意してください。必ず右から左です。

プログラム例 ❷

```
(1)  x = 3, y = "プログラミング"
```

☑ **説明**　1行目で変数 x を宣言し、3を入れ、さらに変数 y を宣言し、文字列 "プログラミング" を入れています。このように、1行で2つ以上の変数を宣言し、値を入れることもできます。また、「y = "プログラミング"」のように文字列を入れることもできます。ただし、この場合も、「＝」の右にある値が、「＝」の左にある箱に入れられる、ということは変わりません。

☑ 表示文

数値や文字列や変数の値を表示します。「表示する(…)」では「…」が表示されます。複数の値を表示する場合は、「表示する(○○,"と",…)」のように「,」で区切り、文字列を表示したい場合は「""」(ダブルクォーテーション)でくくると、「○○と…」と表示されます。

プログラム例❶

```
(1)  kosu = 2
(2)  表示する(kosu, "個見つかった")
```

> ⤷ **2個見つかった**

☑ **説明**　1行目では変数 kosu に 2 を入れます。

2行目で「変数 kosu に入っている値」と「個見つかった」という文字列が表示されるので、「**2個見つかった**」と表示されます。

プログラム例❷

```
(1)  x = 1, y = 13
(2)  表示する("(", x, ",", y, ")")
```

> ⤷ **(1, 13)**

☑ **説明**　1行目では、変数 x に 1、変数 y に 13 を入れています。

2行目で「(」、「x に入れられた値」、「,」、「y に入れられた値」、「)」の順に表示されるので、「**(1, 13)**」と表示されます。

3 代入文と算術演算

　「代入文」とは、プログラミングにおいて、特定の値を変数に割り当てる命令のことを指します。これにより、変数には新しいデータが「代入」され、以前のデータは上書きされます。上記の **1 変数と値** **2 表示文** でも代入文が出てきていましたね。

　また、「算術演算」とはプログラミングにおいて数値を扱う基本的な演算のことです。算術演算を行う記号のことを「算術演算子」といいます。

　算術演算の一覧を表にまとめました。

算術演算子	説明	具体例
+	加算（足し算）を行います	6 + 4 = 10
-	減算（引き算）を行います	6 - 4 = 2
*	乗算（掛け算）を行います	6 * 4 = 24
/	除算（割り算）を行います	6 / 4 = 1.5
÷	整数の除算で商を整数値で求めます	6 ÷ 4 = 1
%	整数の除算で余りを求めます	6 % 4 = 2
**	べき乗（累乗の計算）を行います	6 ** 2 = 36

※「+」は文字列の連結にも使われます。

プログラム例

```
(1)  a = 10 * 5
(2)  b = 10 + 5
(3)  kekka = a % b
(4)  kekka = kekka / 2
(5)  moji = "文字列" + "連結"
```

☑ **説明**　1行目では、変数 a に10*5=50の値が代入されます。

　2行目では、変数 b に10+5=15の値が代入されます。

　3行目では、変数 kekka に「変数 a の値である50と変数 b の値である15で割り算をした余り」を計算した5が代入されます。

　このように、数値や変数同士の計算もできます。

　4行目では、変数 kekka に「変数 kekka の値である5を2で割った商」である2.5が代入されます。このときに3行目の変数 kekka のデータは上書きされます。

　5行目では、変数 moji に「文字列」と「連結」を連結した文字列「文字列連結」が代入されます。

4 比較演算

「比較演算」は、プログラミングにおける2つの値を比較するための手段です。これにより、値が等しいか、異なるか、一方がもう一方より大きいか小さいかなどを判断できます。比較演算の結果は、通常「ブール値（真（true）または偽（false））で表されます。また、比較演算を行う記号を「比較演算子」といいます。

比較演算の一覧を表にまとめました。（kekka の値は6とします）

比較演算子	説明	具体例	真偽
==	等しいかどうかを判断します	kekka == 6（kekka は6 と等しい）	真
!=	異なるかどうかを判断します	kekka != 6（kekka は6 と異なる）	偽
>	大きいかどうかを判断します	kekka > 4（kekka は4 より大きい）	真
<	小さいかどうかを判断します	kekka < 3（kekka は3 より小さい）	偽
>=	以上かどうかを判断します	kekka >= 6（kekka は6 以上）	真
<=	以下かどうかを判断します	kekka <= 5（kekka は5 以下）	偽

5 論理演算

「論理演算」は、プログラミングにおいて一つまたは複数のブール値（真（true）または偽（false））に基づいて条件を評価するための演算です。また、論理演算を行う記号を「論理演算子」といいます。論理演算の一覧を表にまとめました。

論理演算子	x	y	x and y
and	真（true）	真（true）	真（true）
	真（true）	偽（false）	偽（false）
	偽（false）	真（true）	偽（false）
	偽（false）	偽（false）	偽（false）

論理演算子	x	y	x or y
or	真（true）	真（true）	真（true）
	真（true）	偽（false）	真（true）
	偽（false）	真（true）	真（true）
	偽（false）	偽（false）	偽（false）

論理演算子	x	not x
not	真（true）	偽（false）
	偽（false）	真（true）

これらの表のように、論理演算「and」では、2つとも真（true）のときのみ真（true）となります。論理演算「or」では、2つのうち一方でも真（true）のときに真（true）となります。論理演算「not」は、真偽を反対にする役割があります。

6 配列

「配列」とは、変数のような箱を連続して準備することによって、連続してデータを扱うことができるようにしたものです。配列の変数名は必ず1文字目は大文字にします。また、配列のデータを代入するときは、「[ ]」（大かっこ）を使います。

プログラム例 ❶

```
(1) Data = [10, 20, 30]
```

☑ **説明** 1行目では、配列 Data を宣言し、[10, 20, 30]という3つの連続したデータを代入しています。このときに、10や20や30のような代入されている値のことを配列の「要素」といいます。

また、これらのデータを扱うときは、「Data[0]」のように「0」という添字（基本的には0から始まります）を使います。つまり、Data[0] は1番目の値の「10」、Data[1] は2番目の値の「20」、Data[2] は3番目の値の「30」を指し示します。

プログラム例 ❷

```
(1) Data = [10, 20, 30]
(2) x = 1
(3) 表示する("出力は", Data[x])
```

⤷ **出力は 20**

☑ **説明** 1行目では、配列 Data を宣言し、[10, 20, 30]を代入しています。

2行目では、変数 x に1を代入しています。

3行目では、Data[x] というように配列 Data の添字に変数 x を用いて値を指定しています。

変数 x が「1」であることから Data[x] は Data[1] となるため、「**出力は 20**」と表示されます。

7 制御文（条件分岐）

プログラミングにおいて特定の条件に基づいて異なるアクションを実行するための構造です。
日常生活の例として、服を選ぶ状況を考えてみましょう。
「（もし）雨が降っていれば、レインコートを選ぶ。（そうでなければ）Tシャツを選ぶ」といった具合です。

プログラム例

```
(1) kekka = 5
(2) もし kekka < 10 ならば：
(3) │ 表示する（ "kekka は 10 未満です" ）
(4) そうでなければ：
(5) └ 表示する（ "kekka は 10 以上です" ）
```

→ **kekka は 10 未満です**

☑ **説明**　1行目で変数 kekka に5を代入しています。

2行目で比較演算「kekka < 10」が真（true）の場合は3行目、偽（false）の場合は5行目に移動します。今回は変数 kekka の値が5のため、「kekka < 10」は真（true）となります。このため、「**kekka は10未満です**」と表示されます。1行目の代入する値が「5」ではなく「15」の場合、「kekka < 10」は偽（false）となるため、「**kekka は10以上です**」と表示されます。

8 制御文（繰り返し）

プログラミングにおいて特定の条件が満たされる間、一連の命令を繰り返し実行するための構造です。

プログラム例 ❶

```
(1) kekka = 0
(2) x を 1 から 5 まで 1 ずつ増やしながら繰り返す：
(3) └ kekka = kekka + x
(4) 表示する（ "kekka の値は" , kekka）
```

→ **kekka の値は 15**

☑ **説明** 1行目で変数 kekka に 0 を代入しています。
2行目〜3行目が繰り返し構造になります。

今回は「x を1から5まで1ずつ増やしながら」繰り返されます。繰り返し中の変数の値の変化を右の表にまとめました。

5回目の繰り返しが終わると、4行目に移動し、最終的に kekka の値が15であるため、「**kekka の値は15**」と表示されます。

	kekka	x
繰り返し前	0	1
1回目終了後	1	1
2回目終了後	3	2
3回目終了後	6	3
4回目終了後	10	4
5回目終了後	15	5

制御文（繰り返し）は、配列においてとても有効に利用できます。

プログラム例 ❷

```
(1) Data = [5, 9, 3, 1, 10]
(2) kekka = 0, x = 0
(3) x < 5 の間繰り返す：
(4)  │ kekka = kekka + Data[x]
(5)  └ x = x + 1
(6) 表示する（"kekka の値は", kekka）
```

➡ **kekka の値は 28**

☑ **説明** 1行目で配列 Data を宣言し、5つの要素 [5,9 3,1,10] を代入しています。

2行目では、変数 kekka に 0、変数 x に 0 を代入しています。

3行目〜5行目が繰り返し構造になります。今回は「x が5より小さい間」繰り返されます。4行目において、毎回 kekka の値に配列 Data[x] の値を加算していることが分かります。これらを踏まえ、繰り返し中の変数の値の変化を右の表にまとめました。

	kekka	x
繰り返し前	0	0
1回目終了後	5	1
2回目終了後	14	2
3回目終了後	17	3
4回目終了後	18	4
5回目終了後	28	5

5回目の繰り返しが終わると、6行目に移動し、最終的に kekka の値が28であるため、「**kekka の値は28**」と表示されます。

9 関数

　「関数」とは、同じ処理が複数個所に記述してある場合、その部分を抜き出して別に記述することができる機能です。関数が受け取る値を「引数」、関数の処理が終わった後に関数の呼び出し元に返す値を「戻り値」といいます。関数によっては戻り値がないものも存在します。

　2 **表示文**で示した下記のプログラムにおいて、「表示する」の部分も関数になります。なお、「表示する」関数は戻り値がない関数といえます。

プログラム例（再掲）

```
(1) kosu = 2
(2) 表示する (kosu, "個見つかった")
```

　基本的に関数を利用する場合は、問題中に関数に関する説明があります。その説明をもとに関数を利用します。ただし、「表示する」関数のみ説明は掲載されません。

関数の説明

> **要素数（配列）…配列の要素数を返す**
> 例：Data = [10,20,30,40,50,60,70,80] のとき、要素数 (Data) は 8 を返す

プログラム例

```
(1) Data = [3, 5, 9, 13, 16, 19]
(2) kekka = 0
(3) kazu = 要素数 (Data)
(4) x を 0 から kazu - 1 まで 1 ずつ増やしながら繰り返す:
(5) └kekka = kekka + Data[x]
(6) 表示する ("kekka の値は", kekka)
```

> **⤷ kekka の値は 65**

☑ **説明**　1行目では、配列 Data に6つの要素 [3, 5, 9, 13, 16, 19] を代入しています。

　2行目では変数 kekka に0を代入しています。

　3行目では、関数「要素数」を利用して、変数 kazu に配列 Data の要素数である6を代入しています。

4行目～5行目が繰り返し構造になります。

4行目では、「x を0から kazu −1まで1ずつ増やしながら」繰り返されます。ここで、変数 kazu の値は6であるため、x は「0から5まで」繰り返されます。繰り返し中の変数の値の変化を右の表にまとめました。

6回目の繰り返しが終わると、6行目に移動し、最終的に kekka の値が65であるため、「**kekka の値は65**」と表示されます。

	kekka	x
繰り返し前	0	0
1回目終了後	3	0
2回目終了後	8	1
3回目終了後	17	2
4回目終了後	30	3
5回目終了後	46	4
6回目終了後	65	5

10 コメント

「コメント」とは、プログラムにおいてメモの役割であり、処理の実行には関係ない部分になります。「#」から始まる部分はすべてコメント扱いになります。

プログラム例

（1） Data = [3, 5, 9, 13, 16, 19] # 配列 Data に [3, 5, 9, 13, 16, 19] を代入
（2） kekka = 0 # 変数 kekka に 0 を代入

☑ **説明** 1行目、2行目ともに「#」以降にその行の説明がコメントとして記載されています。

意味付きさくいん

特に重要な用語とその代表的な意味をまとめました。

数字

10 進法 …… 38
0から9までの10種類の数字を使って数を表す方法

16 進法 …… 42
0から9までの数字とAからFまでのアルファベットを用いてデータを表現する方法

2 進法 …… 38
0と1の2種類の数字を使って数を表す方法

21 世紀の石油 …… 15
情報が現代社会における重要な資源であり、その価値と重要性が増していることを示す表現

アルファベット

A/D 変換 …… 47
アナログ信号をデジタルデータに変換する工程

AND 検索 …… 15
複数のキーワードがすべて含まれるページを探す検索方法

API …… 81、93
ソフトウェア間の通信を可能にする規則や仕様の集まり

AR …… 29
現実世界にデジタル情報を追加すること

ARPANET …… 62
世界初のパケット通信ネットワーク

ASCII …… 45
アルファベットや数字、一部の記号などを表現するための7ビットの文字コード

bit …… 39
データ量の最小単位

BtoB …… 28
企業間取引

BtoC …… 28
企業が直接消費者に製品やサービスを販売すること

BtoE …… 28
会社の商品やサービスを一般消費者ではなく、従業員向けに提供すること

Byte …… 39
1Byte=8bit

CtoC …… 28
一般消費者個々の人々が自身の商品を直接他の消費者に販売すること

CGM …… 13
消費者が生成するメディア

CPU …… 65、74、78
中央演算処理装置の略。コンピュータの全体的な制御と計算を行う部分

CRM システム …… 142
➡顧客関係管理システム

CUD …… 68
➡カラーユニバーサルデザイン

CUI …… 65
コンピュータとユーザのやり取りをキーボード入力の文字（キャラクタ）で行う方式

D/A 変換 …… 47
デジタル信号をアナログデータに変換する工程

DBMS …… 143
データベースの整理やデータの検索、更新、共有などを行うソフトウェア

DIKW ピラミッド …… 10
データ・情報・知識・知恵の4つの概念を階層的に表現したモデル

DNS …… 132
名前解決を行うシステム

DNS ラウンドロビン …… 148
同一のドメイン名に対して複数のIPアドレスを割り当てる方法

GB …… 40
1GB=1024MB

GIS …… 29
地理的な情報を管理、分析するためのシステム

GPS 　　　　　　　　　　　　29、136
位置情報を取得するシステム

GUI 　　　　　　　　　　　　　　　65
画像やアイコンなどをマウスやタッチ
パネルで操作することで、コンピュー
タとの対話を行う方式

HTML 　　　　　　　　　　　　　130
ハイパーテキストを使用してウェブ
ページを作成するための言語

HTTP 　　　　　　　　　　　　　130
インターネット上でデータを送受信す
るための規約

Hz 　　　　　　　　　　　　　　　46
サンプリング周波数の単位

IC チップ 　　　　　　　　　80、83
半導体の表面に微細かつ複雑な電子回
路を形成した電子部品。コンピュータ
の電源を制御する部品

IEEE 802.11 　　　　　　　　　123
無線 LAN のための技術標準

IMAP 　　　　　　　　　　　　　132
メールを取得すると同時に、サーバ上
にもメールを保持し続けるプロトコル

IoT 　　　　　　　　　　　　　　　29
さまざまな物理的な装置をインター
ネットに接続し、データの収集と共有
を行う技術

IoT デバイス 　　　　　　　　　141
インターネットへの接続やデータ収
集・分析の機能を持つモノ

IPv4 　　　　　　　　　　　127、130
インターネット上でデバイスを一意に
特定するためのアドレス。32 ビット
の長さ

IPv6 　　　　　　　　　　　　　130
128 ビットの長さの一意なアドレス

IP アドレス 　　　　　　　　122、126
ウェブサイトの所有者を表すアドレス

ISO 　　　　　　　　　　　　　　65
国際標準化機構のこと

ISP 　　　　　　　　　　　　　　122
　➡プロバイダ

ITS 　　　　　　　　　　　　　142
車両と道路などのインフラストラク
チャ間での情報交換を行うシステム

JPEG 　　　　　　　　　　　　　48
主に写真などの画像データを圧縮する
ためのフォーマット

KB 　　　　　　　　　　　　　　40
1KB=1024B

KJ 法 　　　　　　　　　　　　　16
さまざまな意見を複数の小さなカード
に記載し、グループに分類して整理す
ることで新しいアイデアを見つける発
想法

LAN 　　　　　　　　　　　　　120
家庭内や社内など限られた範囲で接続
されたネットワーク

LSI 　　　　　　　　　　　　　　80
大規模集積回路

MAC アドレス 　　　　　　　　127
ローカルネットワーク上でデバイスを
一意に特定するためのアドレス

MB 　　　　　　　　　　　　　　40
1MB=1024KB

MECE 　　　　　　　　　　　　17
Mutually（お互いに）、Exclusive（重
複がなく）、Collectively（まとめて）、
Exhaustive（漏れがなく）の略語

MIDI 信号 　　　　　　　　　　　47
音楽機器間の通信規格の一つ

MP3 　　　　　　　　　　　　　48
音声データを圧縮するためのフォー
マット

NoSQL 　　　　　　　　　　　143
情報が必ずしも固定された形式に従わ
ない非構造化データを扱う場合に適し
たデータベース

NOT 検索 　　　　　　　　　　　15
特定のキーワードを含まないページを
探す検索方法

NUI 　　　　　　　　　　　　　65
人間が自然に行う動作や行動を用い
て、コンピュータやデバイスとの対話
を行うインタフェース

OR 検索 　　　　　　　　　　　15
いずれかのキーワードが含まれるペー
ジを探す検索方法

OS 　　　　　　　　　　　　　　80
　➡基本ソフトウェア

P2P 型 ————— 130
各端末がクライアントとサーバとして働き、一つの中央サーバを必要とせずに、対等な形で直接通信が可能な形式

PB ————— 40
1PB=1024TB

PDCA サイクル ————— 16
Plan（計画）→ Do（実行）→ Check（評価）→ Action（改善）のサイクルを繰り返し行うことで、継続的な業務の改善を促す方法

PNG ————— 48
ビットマップ画像を可逆圧縮で保存するための形式

POP3 ————— 132
メールの受信を行う際にメールサーバからメールを取得し、その後サーバ上のメールを削除するプロトコル

POS システム ————— 136
専用の端末でバーコードを読み取ることで、商品名や価格などがサーバのデータと照合され、売り上げ情報として蓄積されるシステム

QR コード ————— 57
二次元的なパターンを用いて情報を表現する方法

RAID ————— 139、151
データを複数のディスクに分散して保存したり、複数のハードディスクドライブを組み合わせて一つのシステムとして機能させること

RAM ————— 78
➡主記憶装置

RDB ————— 143
データを表（テーブル）形式で保持し、各テーブル間の関連性を定義するモデル

RGB 色空間 ————— 41
色を赤、緑、青の3原色で表現する

SMTP ————— 132
電子メールの送信を管理するためのプロトコル

SNS ————— 60
インターネット上で人々が互いに繋がりを持ち、情報や写真、動画などを共有できるオンラインのプラットフォーム

Society 5.0 ————— 12、36
仮想空間とフィジカル空間を高度に融合させたシステムにより、経済発展と社会的課題の解決を両立する時代

TB ————— 40
1TB=1024GB

TCP/IP ————— 125
インターネット上で情報を送受信するためのプロトコルの一つ

TIFF ————— 48
可逆圧縮も非可逆圧縮も対応する画像ファイル形式

TLS ————— 141
SSL を基に作られた通信の安全性を確保するためのプロトコル

UD フォント ————— 67
視覚障害者に配慮したフォント

UDP ————— 125
データの送受信を無確認、無接続サービスとするプロトコル

UGC（UCC） ————— 13、61
ユーザの手によって制作・生成されたコンテンツの総称

Unicode ————— 45
世界の様々な言語を一つの文字コードでまとめて管理したルール

URL ————— 126
インターネット上の特定のリソースの位置を表す一意の識別子

VLAN ————— 149
物理的なネットワークを分けることなく、より大きなローカルエリアネットワークを小さな分離されたネットワークに分割する

VPN ————— 123、141、149
インターネット上で仮想的なプライベートネットワークを作り出す技術

VR ————— 29
完全に人工的な環境を作り出すこと

VUI ————— 65
音声を使ってコンピュータとの対話を行う方式

WAN ————— 122
広範囲をカバーし、都市間や国間を繋げるネットワーク

Wi-Fi ————— 120
さまざまな端末を無線で接続する無線LAN の規格

ZIP ⋯⋯⋯⋯⋯⋯⋯⋯ 48
一つまたは複数のファイルやフォルダ
を圧縮し、軽量化するための形式

あ

アクセシビリティ ⋯⋯⋯⋯ 66
特定の製品やサービスが障害のある
人々にとっても使いやすいかを評価す
る指標

アクセス速度 ⋯⋯⋯⋯⋯ 78
データの読み出しの速さ

アクセスポイント ⋯⋯⋯ 121
無線 LAN において、有線のネットワー
クと無線のネットワークを橋渡しする
装置

アクチュエータ ⋯⋯⋯⋯ 80
電子デバイスからの信号を物理的な動
きに変換する装置

圧縮 ⋯⋯⋯⋯⋯⋯⋯⋯⋯ 48
一定の手順に従ってデータ量を減らす
技術

アドレス ⋯⋯⋯⋯⋯⋯⋯ 116
メモリ上の番地

アナログデータ ⋯⋯⋯⋯ 39
時間や空間内で連続的に変化する情報
を表現するためのデータ形式

アフォーダンス ⋯⋯⋯⋯ 56
物体がどのように使用されるべきか
人々に示唆する

アプリケーション層 ⋯⋯ 125
TCP/IP の最上位にあり、プログラムが
通信機能を使う場合の規格が決めら
れている

アラブの春 ⋯⋯⋯⋯⋯⋯ 72
➡コラム「アラブの春と SNS」

アルゴリズム ⋯⋯⋯⋯⋯ 88
問題解決の手順

アンケート ⋯⋯⋯⋯⋯⋯ 144
ある集団から情報を収集するために同
一の質問をする手法

暗号化 ⋯⋯⋯⋯⋯⋯⋯⋯ 134
データを読み取れない形に変換すること

イーサネット ⋯⋯⋯⋯⋯ 125
物理的な送受信を担当する有線のネッ
トワーク技術

意匠権 ⋯⋯⋯⋯⋯⋯⋯⋯ 19
製品の外観やデザインを保護する権利

一次元コード ⋯⋯⋯⋯⋯ 57
バーコードのような縞模様で構成され
たコード

一次情報 ⋯⋯⋯⋯⋯⋯⋯ 14
元の情報源から直接得られる情報

色の3原色 ⋯⋯⋯⋯⋯⋯ 70
塗料やインクを混ぜることで色を作る
ときの基本となる色「シアン」「マゼン
タ」「イエロー」

インターネット ⋯⋯⋯⋯ 122
ネットワークがさらに外のネットワー
クともつながるようにした仕組み

インターネット層 ⋯⋯⋯ 125
TCP/IP のトランスポート層の下にあ
り、ネットワーク間の通信を制御する

インタフェース ⋯⋯⋯⋯ 81
プログラムやハードウェア間の通信を
可能にする接点や規約

インフォグラフィックス ⋯ 64
シンボルやイメージを用いて情報を伝
える図表やグラフィックの一種で、複
雑な情報を簡単に理解できるように整
理したもの

引用 ⋯⋯⋯⋯⋯⋯⋯⋯⋯ 20
公表された作品を元の姿のまま用いる
行為

ウイルス対策ソフトウェア ⋯ 27
脅威の可能性のあるコンピュータウイ
ルスなどを検知して、排除してくれる
ソフトウェア

歌声合成ソフトウェア ⋯ 61
テキストやメロディ情報を入力として、
それを人間のような歌声で再現するソ
フトウェア

腕木通信 ⋯⋯⋯⋯⋯⋯⋯ 58
フランス人のクロード・シャップが発
明した、可動式の腕木の向きを変える
ことでメッセージをつくる通信方式

エスクローサービス ⋯⋯ 31
信頼できる第三者が取引の資金を一時
的に保管し、取引が無事に完了したこ
とを確認後に資金を受け取り手に移す
サービス

エニアック ⋯⋯⋯⋯⋯⋯ 116
第二次世界大戦中に砲弾の弾道を計算
するために設計された、大規模な電子
計算機

演算装置 ————— 74
演算を行う装置

応用ソフトウェア ————— 80
特定のタスクを達成するためにユーザ
が利用するソフトウェア

オープンソース ————— 92
プログラムが一部の特権を持つ人々だ
けでなく、誰でも自由に利用したり、
修正したり、配布したりできてよいと
いう考え方

オープンデータ ————— 144
データを公開し誰でも利用できるよう
にする考え方

オクテット ————— 39
1オクテット＝8ビット

オプトアウト ————— 22
個人のプライバシーを保護するための
方式

折れ線グラフ ————— 146
数量の大きさを点で表し、それを線で
結んだグラフ

か

回線交換方式 ————— 123
通信路を確保し一度確保した通信路を
通信が終わるまで使い続ける方式

階層型データベース ————— 140
データをノードと呼称し、親ノードか
ら子ノードをツリー状に派生させて保
存するデータ形式

可逆圧縮 ————— 48
圧縮する前の状態に完全に戻すことが
できる圧縮手法

学習 ————— 34
大量のデータからパターンや規則性を
見つけ出し、それを使って新しいデー
タについての予測や判断を行うプロセ
ス

拡張現実 ————— 29
➡ AR

確率的モデル ————— 94
統計学に基づき、事象の不確実性を表
現するモデル

仮想現実 ————— 29
➡ VR

仮想通貨 ————— 136
インターネット上でやりとりできる財
産的価値

可変長符号 ————— 52
頻繁に出現する文字は短い符号、あま
り出現しない文字は長い符号で表す方
法

加法混色 ————— 69
光の3原色を組み合わせて色を作り出
すこと

可用性 ————— 24
必要なときに情報にアクセスできる状態

カラーバリアフリー ————— 67
色覚障害の人でも情報を理解できるよ
うに配慮された色使いやデザイン

カラーユニバーサルデザイン ————— 67、68
色に頼りすぎないデザインをする工夫
➡ カラーバリアフリー

関係データベース ————— 140
データを表の形で管理するデータ形式

完全性 ————— 24
情報が正確であること、または情報が
不正に変更されないこと

記憶装置 ————— 74
データやプログラムを記憶する装置

機械学習 ————— 34
AIが世界を理解し、様々なタスクをこ
なすために学習するプロセス

機械語 ————— 38、92
コンピュータが直接理解できる0と1
のバイナリ形式の基本的な言語

ギガバイト ————— 40
➡ GB

機種依存文字 ————— 69
特定の機種やソフトウェアでのみ正し
く表示できる文字のこと

揮発性 ————— 74
電源が切られると情報が失われるとい
う特性

基本ソフトウェア ————— 80
ハードウェアを制御しコンピュータシ
ステムの基本的な機能を提供するソフ
トウェア

機密性 ————— 24
情報が不正な手段で漏洩することな
く、正当な利用者だけがアクセスでき
る状態

キャッシュ ————— 90
閲覧したウェブページの情報をローカ
ルに一時的に保存したもの

共起ネットワーク ━━━━ 147
異なるキーワードが同時にどの程度登
場し重要であるか視覚的に表現するた
めの手法

共通鍵暗号方式 ━━━━ 135
情報の暗号化と復号をする際に同じ鍵
を使用する方法

記録メディア ━━━━ 13
情報の記録や蓄積をするメディア

キロバイト ━━━━ 40
　➡ KB

緊急地震速報 ━━━━ 138、142
地震の発生を早期に察知し、情報を提
供するシステム

偶数パリティ ━━━━ 83
1の数が偶数になるようにパリティ
ビットを用いてチェックする方法

組み込み関数 ━━━━ 93
プログラミング言語に最初から組み込
まれている関数

クライアントサーバシステム ━━ 128、130
中央のサーバが情報やリソースを管理
し、端末（クライアント）がサーバに
対してリクエスト（要求）を送信する
システム

**クラウドコンピューティング
（クラウド）** ━━━━ 150
インターネットを介して、遠隔地のサー
バにあるリソース（計算能力やデータス
トレージなど）を利用する技術

**クリエイティブ・コモンズ・
ライセンス** ━━━━ 138
著作権の適用範囲を著作者が調整でき
る制度

クレイモデル ━━━━ 95
建築・製品設計の初期段階で用いられ
る形状のモデル

クロス集計 ━━━━ 145
単純集計で得られた値に、他の設問、
または性別や年代などの基本情報を掛
け合わせて集計を行う手法

クロスチェック ━━━━ 14
他の情報源から同じ事実を確認する方
法

クロック周波数 ━━━━ 116
各回路での処理や動作を行うタイミン
グをコントロールするために用いられ

る信号を単位時間あたり何回発信する
かを表す値

欠損値 ━━━━ 145
データの中に記録されなかった値や不
明な値

減法混色 ━━━━ 70
色の3原色を組み合わせて色を作り出
すこと

広域ネットワーク ━━━━ 122
　➡ WAN

公開鍵暗号方式 ━━━━ 135
異なる鍵のペアを使用して情報を暗号
化および復号する方法

工業社会 ━━━━ 12
大きな工場で産業機械を動かして、大
量生産・大量輸送、大量消費する時代

公衆無線 LAN ━━━━ 120
自由に Wi-Fi を利用することができる
スポット

構造化 ━━━━ 64
情報を一定の規則やフレームワークに
基づいて整理するプロセス

コード決済 ━━━━ 142
商品やサービスの決済を電子的に行う
方法

顧客関係管理システム ━━━━ 142
顧客データを一元管理するシステム

国名 ━━━━ 131
ドメイン名の一部で、ウェブサイトが
登録されている国を示す

誤差逆伝播 ━━━━ 34
ネットワークが出した答えが間違って
いた場合に、どこをどう直せば良いか
を計算し、自己修正する手法

個人識別符号 ━━━━ 22
番号、記号、符号などで、その情報単
体から特定の個人を識別できる情報
で、政令・規則で定められたもの

個人情報保護法 ━━━━ 22
特定の個人を識別できる情報を適切に
管理するための法律

個人認証 ━━━━ 26
本人であるかどうかを識別するための
手段

固定長符号 ━━━━ 52
等しい長さの符号で表現する方法

個別コミュニケーション ·········· 59
　1人と1人でとるコミュニケーション

コミュニケーション ············ 58
　人と人とが意思や思考などを伝え合う
　こと

コンピュータネットワーク ········ 120
　コンピュータや通信機器が接続されて
　データをやり取りするためのシステム

さ

サーバ名 ·················· 131
　ネットワーク上でサーバを一意に識別
　する

サイバーカスケード ············ 63
　特定のウェブサイトに同種の考え方を
　もつ人々が集まり、閉鎖的な環境で議
　論した結果、極端な世論が形成されや
　すくなるとする仮説

サイバー犯罪 ··············· 23
　コンピュータネットワーク上で行われ
　る犯罪

産業財産権 ················ 18
　特許、実用新案、商標、意匠などの権
　利

三次情報 ················· 14
　二次情報をさらに加工・解析した情報

残存性 ·················· 30
　コンピュータに感染したマルウェアが
　システムを離れず、システムを持続的
　に侵害する能力

サンプリング周期 ············ 46
　標本点と次の標本点との間の時間間隔

サンプリング周波数 ··········· 46
　1秒間あたりに標本化する回数

しきい値 ················· 38
　電圧の高低を示す基準値のこと

色相環 ·················· 56
　色を理解するツール

シグニファイア ············· 56
　特定の意味やメッセージを伝えるため
　の特定的な形状、色、模様、音などを
　意味する

質的データ ················ 145
　分類（カテゴリ）として測定できる
　データ

実用新案権 ················ 19
　新規な形状や構造のデザインを保護す
　る権利

シフト JIS コード ············ 45
　日本で主に使用される文字コードで、
　1バイトまたは2バイトで文字を表現
　する

シミュレーション ············ 95
　モデルを用いて仮想的な実験を行い、
　コンピュータを用いて様々な条件下で
　の振る舞いを予測する手法

集合知 ·················· 60
　みんなで協力して知識や情報を集める
　こと

集積回路 ················· 82
　➡ IC チップ

収束思考 ················· 17
　考えをまとめる段階の思考

集中情報システム ············ 138
　すべての情報が一つの場所に集約され
　て管理されるシステム

主記憶装置 ················ 74
　CPU が直接アクセスでき、プログラム
　の実行に使用される一時的なデータ保
　管場所

出力装置 ················· 74
　外部に情報を出力する装置

狩猟社会 ················· 12
　動植物を狩猟採取して生活する時代

肖像権 ·················· 22
　自身の顔や声、名前などを無断で公に
　されることなく、それらを自由にコン
　トロールできる権利

状態遷移図 ················ 89
　システムの動作やプロセスを視覚的に
　表現したもの

冗長化 ·················· 26
　コンピュータや機器、システムに何ら
　かの障害が発生した際に備えて、予備
　の設備やサブシステムなどを平常時か
　ら運用しておくこと

商標権 ·················· 19
　商品やサービスの識別を保護する権利

情報 ··················· 10
　データを整理し解釈を加えたもの

情報社会 ················· 12
　メディアが発達し、情報がお金と同等
　の価値をもつ時代

情報セキュリティ ············ 24
　情報の機密性、完全性、可用性を確保
　すること

情報通信ネットワーク ———— 120
　様々な通信サービスを統合した広範囲
　のネットワーク

情報デザイン ———— 64
　情報を適切に伝えるための設計

情報モラル ———— 27
　情報社会の中で上手く生きていくため
　に必要な考え方や態度

所持認証 ———— 26
　「何かを持っている」ことを利用した
　認証要素

人工知能 ———— 31
　人間の知能を模倣したコンピュータシ
　ステム

スイッチングハブ（スイッチ） ———— 121
　信号を特定のアドレスにだけ送る集線
　装置

数理モデル（数式モデル） ———— 95
　現実の現象や概念を数値や式で表現す
　るモデル

スキーム ———— 131
　どのようなプロトコルを使用してデー
　タを取得するかを示すインターネット
　プロトコルの一部

ステルスマーケティング ———— 63
　消費者に気づかれずに商品やサービス
　を宣伝したり、口コミなどを行ったり
　すること

スパイウェア ———— 23
　コンピュータ内部からインターネット
　に対して情報を送り出すソフトウェア
　の総称

制御構造 ———— 91
　プログラムの進行方向、命令がどのよ
　うに実行されるかを制御するためのパ
　ターン

制御装置 ———— 74
　プログラムの命令を実行し、他の装置
　の制御を行う装置

生体認証 ———— 26
　身体的特徴を利用した認証要素

静的モデル ———— 94
　常に一定の状態を保つ数理モデル

セッション鍵暗号方式 ———— 135
　共通鍵暗号方式と公開鍵暗号方式を組
　み合わせた方式

セル ———— 141
　基地局がカバーする地域

線形探索法 ———— 89
　配列の要素を一つずつ先頭から調べて
　いく探索方法

センサ ———— 78
　様々な情報を電気的な信号に変換する
　装置

全地球測位システム ———— 29
　➡ GPS

相関関係 ———— 146
　2つの変量の関係

ソーシャルエンジニアリング ———— 23
　情報通信技術を駆使せずに個人情報や
　機密情報を盗み出す行為

ソーシャルネットワーキングサービス ———— 60
　➡ SNS

組織名 ———— 131
　ドメイン名の一部で、ウェブサイトが
　管理されている組織の名前を表す

ソフトウェア ———— 74
　ハードウェアを制御・操作するための
　プログラム

た

代入 ———— 91
　変数に値を格納する行為

ダブルチェック ———— 14
　同じ方法で2回確認する方法

多要素認証 ———— 26
　2つ以上の異なる認証要素を組み合わ
　せた認証

単純集計 ———— 145
　データの特性を理解するために設問毎
　に回答結果を集計し、何人が回答した
　のか、各選択肢の内訳はどうなのかを
　表示する手法

知恵 ———— 10
　経験や洞察を統合して、知識をより洗
　練したもの

知識 ———— 10
　情報が人々の経験や理解を通じて昇華
　したもの

知識認証 ———— 26
　「何かを知っている」ことを利用した
　認証要素

知的財産 ················ 18
人間の創造的な活動や事業活動により
生み出された財産

抽象化 ················ 64
具体的な事象やデータから一般的な規
則やパターンを抽出するプロセス

著作権 ················ 18
文学、音楽、美術などの作品に対し
て、作者が持つ権利

地理情報システム ················ 29
➡ GIS

ディレクトリ型検索エンジン ···· 15
ディレクトリ方式を採用した検索エン
ジン

ディレクトリ方式 ················ 15
情報を主題ごとに整理し、ユーザが目
的の情報を探しやすくする方式

データ ················ 10
観測や測定などによって得られた事実
や数値

データサイエンス ················ 144
データを収集し、それを分析する手法

データサイエンティスト ········ 144
様々なデータから意味のある情報を見
つけ出し、それを用いて意思決定や予
測などを行う

データベース管理システム ··· 140、143
➡ DBMS

データマイニング ················ 15
大量のデータからパターンや規則性を
見つけ出す手法

データモデル ················ 143
情報をどのように整理するかを決めた
抽象的な設計図

テキストマイニング ················ 147
大量のテキスト情報から有用な知識を
抽出するための技術

テクノストレス ················ 31
情報機器の過剰な使用により生じるス
トレス

デザインの敗北 ················ 56
ユーザの混乱や誤操作、ストレスを引
き起こし、製品やサービスの使用体験
を悪化させる

デジタル署名 ················ 26、135
公開鍵暗号やハッシュ関数を使い、
データに電子的に署名すること

デジタルデータ ················ 39
一連の離散的な値（通常は2進数）で
表現される情報の形式

デジタルデバイド ················ 14、31
情報技術を活用する能力の格差。ま
た、インターネットの恩恵を受けるこ
とのできる人とできない人の間に生じ
る経済格差

デジタルトランザクション ······ 136
消費者と企業との間で交わされる、
ペーパーレスの電子的な取引

テラバイト ················ 40
➡ TB

転載 ················ 21
他人の著作物の大部分を複製・コピー
して利用する行為

電子商取引 ················ 28
インターネットを介した商品やサービ
スの売買

電子証明書 ················ 135
公開鍵の保持者を証明する証

電子認証 ················ 135
デジタル署名や暗号化を用いて、通信
や取引の相手方の身元を確認し、デー
タの完全性を保証するプロセス

電子マネー ················ 136
店舗やレストランでの決済手段

電信機 ················ 33
19世紀に初めて電気信号を用いて情報
を送るために開発された機械

伝達メディア ················ 13
情報を伝達するメディア

同期コミュニケーション ········ 59
情報の発信者と受信者がお互いに同じ
時間を共有するコミュニケーション

動的モデル ················ 94
時間や条件によってその状態が変化す
る数理モデル

トゥルーカラー ················ 41
➡ フルカラー

トーキングドラム ················ 32
声調などを模倣する太鼓の奏法

特許権 ················ 19
新しい発明や製造方法を保護する権利

ドメイン名 ················ 126
インターネット上の特定の場所を識別
するための名前

トランスポート層 125
TCP/IP のアプリケーション層の下にあり、データの送受信を管理する

トロイの木馬 30
有害なプログラムを一見無害なファイルに隠すマルウェア

な

名前解決 132
インターネット上のリソースにつけられた名前（ドメイン名など）を、そのリソースが実際に存在する場所（IP アドレスなど）に変換するプロセス

二次元コード 57
QR コードのような四角い形をしたコード

二次情報 14
一次情報を加工したもの

二段階認証 26、126
同じ要素である 2 つの情報を用いて認証を行う方法

ニューラルネットワーク 34
人間の脳の神経細胞（ニューロン）の仕組みにヒントを得て開発された、AI 技術の中の一つの手法

入力装置 74
外部から情報を入力する装置

二要素認証 126
異なる 2 つの要素を組み合わせて認証を行う方法

人間中心設計 68
ユーザの視点を重視し、ユーザが抱える問題を理解しようとするアプローチ

認証局 135
デジタル署名の発行や証明書の管理を行う組織

ネットオークション 28
一般消費者が一般消費者に商品を販売する CtoC の一形態

ネットワークインタフェース層 125
TCP/IP の最下位にあり、物理的な送受信を担当する

ノイマン型コンピュータ 81
ジョン・フォン・ノイマンによって提唱されたコンピュータの基本構成

農耕社会 12
肥沃な土地に定住し、穀物を栽培して生活する時代

のろし 32
物を焼いて煙を上げ、それを離れたところから確認するコミュニケーションツール

は

バーコード 57、147
商品の識別や在庫管理に使用される符号の一種

ハードウェア 74
五大装置と呼ばれるコンピュータの物理的な部品のこと

バイト 39
➡ Byte

バイナリ形式 75
すべてのデータを 0 と 1 の二つの値で表す方式

ハイレゾ 41、49
高解像度音源を指す言葉。CD などの従来のデジタル音源よりも原音に近い音質を再現することが可能

配列 92
複数のデータを一つの連続した領域に保存する

パケット 121、123
小分けにされたデータ

パケット交換方式 123
データをパケットにして通信を行う方式

パケットフィルタリング 124
ネットワーク上での不正な通信を遮断する手法

箱ひげ図 146
データの四分位数を表示するのに便利なグラフ

パス名 131
サーバ上の特定のウェブページを指す

外れ値 145
データとして異常に高い値または異常に低い値

バックアップ 139
データの喪失を防ぐため、データの複製を別の場所に保存すること

発散思考 17
考えを膨らませる段階の思考

ハッシュ関数 90、124
任意の長さのデータを逆変換が困難な一定の長さのデータに変換する関数

ハッシュ衝突 90
異なる入力値が同じハッシュ値を生成すること

ハッシュ値 90、124
ハッシュ関数で生成された一意性のある値

パピルス 32
エジプトで使用された文字の筆記媒体

ハブ 121
複数のコンピュータやネットワークデバイスを接続するための装置

ハフマン符号化 54
➡ ハフマン法

ハフマン法 53
文字の出現頻度に応じて符号の長さを変える方法

パリティチェック 82
エラーチェックを行う論理回路

パリティビット 83
データの伝送などの際にエラーを検知できるように付加される符号

半加算器 82
2進数の加算を行う論理回路

ハンドオーバー 142
移動体通信で通信エリアを移動する際に、前の基地局から次の基地局へ無線通信の接続先を切り替える技術

反復構造 91
特定の条件が満たされるまで一連の手続きや命令を繰り返す形式

非可逆圧縮 48
データの一部を捨ててしまう圧縮手法

光の3原色 69
光を使って色を作るときの基本となる色「赤」「緑」「青」

非揮発性 74
電源を切ってもデータが消えないという特性

ピクトグラム 64
一つの図形が特定の意味を持つこと、またはその図形

ヒストグラム 146
データセット内の頻度分布を視覚的に表現するためによく使われるグラフ

ビッグデータ 11、140、144
多様な形式で日々生み出され続けている大量のデータ

ビット 39
➡ bit

ビットマップ形式 70
画像をたくさんの小さな点（ピクセル）で構成すること

非同期コミュニケーション 59
発信者と受信者が同じ時間を共有する必要がないコミュニケーション

表現メディア 13
情報を表現するメディア

標本化周期 46
➡ サンプリング周期

ビンジ・ウォッチング 124
一度に多くの映像コンテンツを観る行為

ファイアウォール 24、134
ネットワークの安全を保つために、不正な通信をブロックする装置やソフトウェア

フィッシング 23
詐欺的な手法を用いて個人情報を騙し取る行為

フィルターバブル 63
インターネットの検索サイトが提供するアルゴリズムが各ユーザの見たくないような情報を遮断する機能によって、自分が見たい情報だけが見える現象

フールプルーフ 71、139
人がミスをしようとしてもできないようにする工夫

フェイルセーフ 71、139
システムが故障した場合でも安全性を確保するように設計されたシステム

フェイルソフト 71
システムが故障したときにその影響を最小限に留めるような設計がなされる概念

負荷分散 148
インターネットやネットワークサービスにおいて、リクエストやデータの処理を複数のサーバやリソースに分けて行うこと

復号 134
暗号化されたデータや圧縮などの変換処理をされたデータを元の形に戻すプロセス

符号 —————— 39
0と1に変換されたデータ

符号化 —————— 39
デジタルデータを人間が理解可能な形
に変換する過程

符号ビット —————— 75
マイナスの符号や小数点を含む数を、
コンピュータ内部で1と0だけを使っ
て表現する方法

不正アクセス —————— 23
本来アクセス権限を持たない者が、
サーバや情報システムの内部へ侵入を
行う行為

不正アクセス禁止法 —————— 23
不正アクセスを禁止する法律

物理メディア —————— 13
実際に触ることができるメディア

物理モデル —————— 94
模型などのように実物の形に似せて作
られたモデル

浮動小数点数 —————— 76
マイナスの符号や小数点を含む数を、
コンピュータ内部で1と0だけを使っ
て表現する方法（→補数）

浮動小数点表現 —————— 75
小数や負の数を含む実数を表現するた
めの数値表現方式

プライバシー権 —————— 22
個人が自身の生活や思想などの私的な
部分を他人から守るための権利

プラットフォーム —————— 81
特定のソフトウェアやハードウェアが
動作するための環境を提供するもの

フリー Wi-Fi —————— 120
➡公衆無線 LAN

ブルートフォース攻撃 —————— 27
パスワードを総当りで試す不正アクセ
ス

フルカラー —————— 41、70
24bit を用いた色彩表現方式。原色を
混合して様々な種類の色を表現できる

ブレーンストーミング —————— 16
限られた時間内で多くのアイデアを出
す発想法

フローチャート —————— 91
システムの動作やプロセスの流れを表
すための図

ブロードバンド —————— 60
インターネットに高速で接続するため
の一つの方法

プロキシサーバ —————— 134
ユーザのリクエストを間接的に処理し
不正なネットワークアクセスを防ぐ

プログラミング言語 —————— 92
人間がより理解しやすく、コンピュー
タに対して命令を出せる言語

プログラム —————— 91
コンピュータに対する命令の文章

プログラムカウンタ —————— 116
実行すべき命令が入っているアドレス
を記憶しておくためのレジスタ

ブロックチェーン —————— 136
デジタルトランザクションの透明性と
セキュリティを高めるテクノロジー

プロバイダ —————— 25、122
一般の利用者がインターネットに接続
するためのサービスを提供する企業

プロバイダ責任制限法 —————— 25、62
インターネット上で権利侵害が生じた
場合に、被害者が加害者を特定するた
めの手続きや、プロバイダの損害賠償
責任の範囲について定めた法律

分岐構造 —————— 91
特定の条件に基づいて実行する命令を
選択する形式

分散情報システム —————— 138
情報が複数の場所に分散されて管理さ
れるシステム

平均故障間隔 —————— 139
一度の故障から次の故障までの平均的
な時間

ペーパープロトタイプ —————— 68
ユーザインタフェースの初期設計をス
ケッチで表現する手法

ベクトル形式 —————— 70
画像を線や形の情報（数式や命令）で
構成すること

ペタバイト —————— 40
➡ PB

ヘルツ —————— 46
➡ Hz

変数 —————— 91、92
計算結果やデータを一時的に保持する
役割をもつもの

ポータルサイト 138
複数のウェブサイトから情報を集約
し、ユーザに一元的に提供するウェブ
サイト

ポート 134
各アプリケーションに与えられ、通信
先を識別するための番号

補助記憶装置 74
コンピュータの一部で、長期的なデー
タ保管を行う装置

補色 56
色相環上で反対側に位置する色

補数 75
負の数を表現するための方法

ボット 30
コンピュータを外部から遠隔操作する
ためのマルウェア

ホワイトハッカー 27
情報システムのセキュリティを評価・
強化するために、サイバー攻撃などか
らユーザやシステムを守るセキュリ
ティ人材

ま

マインドマップ 16
自由な思考、アイデアや情報の流れ
を、中心となる概念から分岐させる形
で描写した図

マスコミュニケーション 59
不特定多数の人に発信するコミュニ
ケーション

マスメディア 13、32
特定の発信者が不特定多数の受信者へ
情報を伝えるメディア

マッピング 94
ある集合の要素を規則に基づいて別の
集合や要素へ対応付けること

マルチコア 116
1つの CPU 内にプロセッサコアを2つ
以上用いる手法

無線 LAN ルータ 121
ネットワーク間で情報を転送するため
の主要なデバイス

メガバイト 40
➡ MB

メディア 13、58
情報の送信者と受信者の間を媒介する
もの

メディアリテラシー 14、58
さまざまなメディアの特性についての
理解をもとに、受信者として情報を正
しく受け取り、送信者として正確に情
報を発信する能力

メモリ 78
データの一時的な保管場所で、コン
ピュータが直接アクセスできる記憶装
置

文字コード 45
文字を「0」と「1」の数字の組み合わ
せで表現するルール

文字化け 45
送信側と受信側のデータの文字コード
体系が合っていない場合に発生し変な
記号や文字が表示される

モデル化 95
複雑な現象やシステムを単純化し扱い
やすい形にするプロセス

問題 16
現状と理想の間のギャップ

モンテカルロ法 95
統計的なサンプリングを用いて数値的
に問題を解く方法

や

ユーザインタフェース 65、81
ユーザ（利用者）と、製品・サービス
をつなぐ接点

ユーザビリティ 66
そもそもの使いにくさ、分かりにくさ
を表す言葉

ユニバーサルデザイン 66
「あらかじめすべての人にとって使い
やすいものとしてデザインする」とい
う考え方

ら

ライブラリ 93
他のプログラマが作成した関数を集め
たもの

ラスタ形式 70
➡ビットマップ形式

ランダムウォーク 95
一連のランダムな歩み（ウォーク）を
用いて数学的な問題を解く方法

ランレングス法 50
同じ要素が続く数を圧縮する方法

リスキーシフト 63
危険度が高いアイデアに注目や賛同が
集まること

リストア 140
データが失われた場合に、データを元
の状態に戻すプロセス

量子暗号 124
量子力学の原理を用いた新しい形の暗
号技術

量子化 47
標本化で拾い出した標本点の値を、最
も近い値に割り当てる操作

量子化誤差 47
連続的なアナログ信号をデジタルデー
タに変換するとき、元のアナログ信号
をそのまま変換できず発生する誤差

量子化ビット数 47
量子化するとき、波形の値を2の何乗
の段階の数値で表現するかを示す値

量子コンピュータ 116
キュビットという、0と1の状態を同
時に持つことができる量子力学の性質
（重ね合わせの原理）を利用したコン
ピュータ

量的データ 145
年齢・身長・血圧値など数量として測
定できるデータ

リレーショナルデータベース 143
➡ RDB

ルータ 121
データパケットを適切なルート（経
路）を選んで送信する装置

ルーティング 121
パケットの宛先IPアドレスから適切
な経路を選択し、隣り合った機器の中
から転送すべき機器を決定して送信す
る処理

ルーティングテーブル 127
データが目的地に到達するために、ど
の経路を通るべきかを示す情報を格納
しているもの

レジスタ .... 78、118
CPU内に存在する、高速でアクセス可
能な小容量の記憶領域。メモリと協力
して、データや命令をやりとりして演
算を実行する

ログ 62
ネットワーク上での個々の行動や処理
内容等の記録

ロゼッタストーン 32
古代エジプトのヒエログリフを解読す
るための鍵となった記録媒体

論理演算 83
AND、OR、NOTなどの基本的な演算
を提供し、これらを組み合わせること
で複雑な論理的な条件を表現すること
が可能

論理回路 82
論理演算を物理的に実現する回路

わ

ワードクラウド 147
テキスト中のキーワードの出現頻度に
基づいて、大きさや色を変えて表示す
るビジュアル化手法

ワーム 30
自己複製を行いネットワークを介して
他システムに広がるマルウェア

忘れられる権利 49
個人が自己に関する情報を削除させる
ことができる権利

藤原　進之介（ふじわら　しんのすけ）

　代々木ゼミナール情報科講師。株式会社数強塾代表取締役。数強塾グループ代表。オンライン情報Ⅰ・情報Ⅱ専門塾「情報ラボ」代表。武田塾教務。河野塾ISM講師。

　2022年に日本初の「情報科」大手予備校講師となり東進ハイスクール・東進衛星予備校の講義を担当したほか、ITパスポート対策講座や全国模試の解説授業も担当。2024年から代々木ゼミナールに移籍。さらに「情報ラボ」、数学専門塾「数強塾」、総合型選抜専門塾「AOG」を運営するかたわら、YouTubeやX（旧Twitter)にて有益な受験情報も発信している。また情報科の問題作成を請け負う作問チームも編成し、500問以上の問題を作成している。

　プライベートではアロマテラピー検定1級を取得。K-POPをはじめ音楽が好きで、フェスによく行く。犬と猫とハムスターも好き。ゲームとアニメも好きで、日常もSNSで発信している。

　著書に『学校で習っていなくても読んで理解できる 藤原進之介の ゼロから始める情報Ⅰ』(KADOKAWA)、『きめる！共通テスト　情報Ⅰ』(Gakken)、監修書に『スライドで見る全単元の授業のすべて　情報Ⅰ 高等学校』(東洋館出版社)

ライバルに差をつける　情報Ⅰ　鉄板の100題

2024年7月19日　初版発行
2024年10月5日　再版発行

著者／藤原　進之介

発行者／山下　直久

発行／株式会社KADOKAWA
〒102-8177　東京都千代田区富士見2-13-3
電話　0570-002-301(ナビダイヤル)

印刷所／株式会社加藤文明社

製本所／株式会社加藤文明社